AF384460

COMPTE RENDU

DU CONGRÈS

DES

SOCIÉTÉS D'HISTOIRE DE PARIS

12-15 FÉVRIER 1913

ABBEVILLE

IMPRIMERIE F. PAILLART

—

1913

8° Z
LE SENNE
12.028

COMPTE RENDU

DU CONGRÈS

DES

SOCIÉTÉS D'HISTOIRE DE PARIS

COMPTE RENDU

DU CONGRÈS

DES

SOCIÉTÉS D'HISTOIRE DE PARIS

12-15 FÉVRIER 1913

BIBLIOTHÈQUE NATIONALE · FONDS LE SENNE · N° 22488 · IMPRIMÉS

ABBEVILLE

IMPRIMERIE F. PAILLART

26, RUE DE L'HÔTEL-DE-VILLE, 26

—

1913

8° Z le Senne 12.028

COMPTE RENDU

DU CONGRÈS

DES

SOCIÉTÉS D'HISTOIRE DE PARIS

12-15 FÉVRIER 1913

———— ✹ ————

Le 9 mai 1911, à l'Assemblée générale annuelle de la Société de l'Histoire de Paris et de l'Ile-de-France, M. Jules Guiffrey, membre de l'Institut, président, regrettait, dans son discours, le fâcheux émiettement des travaux d'historiographie parisienne et émettait l'idée qu'un lien permanent, unissant les diverses sociétés adonnées à l'histoire de Paris, substituât à l'isolement ou à la divergence des efforts, des échanges de vues et un concert profitables à tous.

« Toutes les sociétés dont je viens de parler, disait M. Guiffrey, poursuivant le même but, animées du même culte pour le passé de notre cité, travaillent presque sans se connaître, tandis qu'elles pourraient se prêter une mutuelle assistance. N'y aurait-il pas moyen, en laissant à chacune d'elles sa complète autonomie, de les réunir dans un congrès annuel, de les inviter à unir leurs efforts pour le bien commun, de créer enfin un conseil supérieur, une sorte de syndicat, puisque le terme est à la mode, et d'imprimer par ce groupement une nouvelle impulsion à ces recherches et à ces études parisiennes [1] ? »

Le projet d'un congrès des sociétés d'histoire parisienne que M. Guiffrey se bornait à mettre en avant, sans prétendre aucunement déterminer « sous quelle forme, de quelle manière ce projet très vague pourrait... recevoir sa réalisation [2] », n'allait pas tarder à être réalisé.

Dans le courant de l'année 1912, une commission d'organisation se constituait sur l'initiative de la *Société de l'Histoire de Paris* et sous la présidence de M. Guiffrey. Elle comprenait : MM. Adrien Blanchet, Jules Guiffrey, Paul Lacombe et Edgar Mareuse, de la *Société de l'Histoire de Paris*; Henry Martin, Georges Hartmann, A. Callet et L'Esprit, de la Société historique la *Cité*; le Dr Capitan et Manneville, de la Société historique la *Montagne Sainte-Geneviève et ses abords*; Félix Herbet, Paul Fromageot et Charles Saunier, de la *Société historique du VIe arrondissement*; Vacquier, de la *Société d'histoire et d'archéologie du VIIe arrondissement*; Foulon et Emile Le Senne, de la *Société historique des VIIIe et XVIIe arrondissements*; Paul Marmottan, Louis Batcave et Emile Rivière, de la Société historique *Auteuil-Passy*; Paul Jarry, de la Société *Le Vieux-Montmartre*; Eugène Le Senne et H. Nocq, de la *Société d'iconographie parisienne*; Paul Ginisty et P. Flobert, de la *Société Jules Cousin*; Marcel Poëte, conservateur de la Bibliothèque historique de la ville.

Les travaux de la Commission aboutirent à l'élaboration d'un programme qui fut porté, par la circulaire suivante, à la connaissance de chacun des membres des sociétés susvisées :

---

1. *Bulletin de la Société de l'Histoire de Paris et de l'Ile-de-France*, 1911, 3e livr., p. 112.
2. *Ibid.*

MONSIEUR ET CHER CONFRÈRE,

Une commission formée de délégués des Sociétés d'histoire de Paris s'est constituée dans le but d'organiser un Congrès de ces Sociétés.

Ce Congrès se tiendra à Paris dans le courant du mois de février 1913, sous la présidence d'honneur de M. le Préfet de la Seine et de M. le Président du Conseil municipal de Paris qui, tous deux, ont gracieusement accepté l'offre de cette présidence. MM. les membres du Conseil Municipal et de la Commission du Vieux Paris, ainsi que MM. les Maires d'arrondissements, qui voudront bien également honorer le Congrès de leur concours, seront les bienvenus.

Ce Congrès s'adressera à tous les membres des Sociétés suivantes : Société de l'histoire de Paris et de l'Ile-de-France ; Sociétés historiques des IIIe et IVe arrondissements (La Cité), V^e et XIIIe (La Montagne Sainte-Geneviève et ses abords), VIe, VIIe, VIIIe et XVIIe, IXe et XVIIIe (le Vieux-Montmartre), et XVIe (Auteuil-Passy) ; Société d'iconographie parisienne ; Société Jules Cousin ou des Amis de la Bibliothèque de la Ville de Paris.

Les membres de ces Sociétés qui seront désireux de faire des communications au Congrès voudront bien en aviser, avant le 31 décembre, le Secrétaire de la Commission d'organisation, 29, rue de Sévigné, en lui adressant soit le travail lui-même sous sa forme définitive, soit un résumé suffisamment explicite. La durée de chaque communication ne devra pas dépasser quinze minutes.

Ces communications seront réparties, suivant leur objet, entre les deux sections : 1° *Histoire ;* 2° *Archéologie et Beaux-Arts,* dont se composera le Congrès.

La Commission a pensé qu'à côté des communications laissées

à l'initiative de chaque membre ou de chaque Société, il convenait d'en provoquer d'autres qui aient rapport à l'histoire générale de notre cité. C'est dans ce but qu'elle a rédigé les questions dont la liste est ci-jointe et qu'elle vous soumet avec l'espoir que vous y répondrez par des communications au Congrès.

Chaque Société conservera la faculté de publier les travaux de ses membres.

Vous recevrez, au moment voulu, avis de la date précise de l'ouverture de ce Congrès qui ne vous engage à aucune dépense. En attendant, il vous est loisible de vous adresser, pour tous renseignements, à la Bibliothèque historique de la Ville de Paris, 29, rue de Sévigné.

La Commission espère que l'intérêt d'une semblable réunion ne vous échappera pas et que vous voudrez bien apporter votre concours à une œuvre destinée à établir des rapports plus étroits entre tous les travailleurs qui s'occupent du passé de Paris.

Veuillez agréer, Monsieur et cher Confrère, l'expression de nos sentiments les plus distingués et dévoués.

Pour la Commission d'organisation :

Le Président,

Jules GUIFFREY

Membre de l'Institut,
Administrateur honoraire de la Manufacture
des Gobelins.

QUESTIONS

SOUMISES AUX MEMBRES DU CONGRÈS

Section d'Histoire.

1º Contributions, par arrondissements, à l'élaboration d'une Bibliographie parisienne ;

2º Contributions, par arrondissements, à l'élaboration d'une Biographie parisienne ;

3º Contributions, par arrondissements, à l'élaboration d'un Guide historique et archéologique de Paris ;

4º Monographies historiques et archéologiques de rues ;

5º Etudes sur les cimetières disparus ;

6º Etudes sur les marchés et foires disparus ;

7º Relation des faits d'histoire générale dont tel ou tel arrondissement a été le théâtre ;

8º Liste et biographie des membres des municipalités d'arrondissements ;

9º Des jardins existant autrefois à Paris, par arrondissements ;

10º Des noms de rues et de leurs origines. — Noms de rues tirant leur origine des enseignes ;

11º Des modes de numérotage des maisons et de la concordance des numéros.

Section d'Archéologie et de Beaux-Arts.

1º Monographies archéologiques de monuments disparus ;

2º Iconographies de monuments ;

3° Des ponts de Paris ;

4° Des résultats archéologiques des fouilles effectuées dans le sol de Paris ;

5° Le préhistorique à Paris ;

6° Relevé, par arrondissements, des vestiges subsistants du passé (inscriptions, enseignes, etc.) en dehors des anciens édifices ;

7° Localisation, par arrondissements, des diverses industries d'art à Paris, avec historique de ces industries ;

8° Monographies de corporations de métiers d'art : historique, travaux exécutés ;

9° Œuvres d'art conservées dans les édifices religieux, les cimetières et les théâtres.

Postérieurement à l'envoi de cette circulaire, cinq sociétés vinrent s'adjoindre aux précédentes. Ce furent : la *Commission municipale du Vieux-Paris*, représentée par ses trois secrétaires : MM. Lambeau, Magne et Tesson ; le *Centre de Paris*, société des Ier et IIe arrondissements, représentée par son président, M. Vimont ; la *Commission municipale historique et artistique de Neuilly-sur-Seine*, représentée par son secrétaire, M. Circaud ; la *Société archéologique, historique et artistique « le Vieux-Papier »*, représentée par son secrétaire général, M. Paul Flobert ; la *Société des études locales dans l'enseignement public* (groupe de la Seine) représentée par M. Marcel Poëte. L'importance du concours de la *Commission municipale du Vieux-Paris* fit désigner M. Mithouard, vice-président de cette Commission, comme président d'honneur du Congrès, avec M. le Préfet de la Seine et M. le Président du Conseil municipal.

Une nouvelle circulaire, dont le texte suit, arrêta les dernières dispositions relatives à la tenue du Congrès.

MONSIEUR ET CHER CONFRÈRE,

Le Congrès des Sociétés d'histoire de Paris se tiendra du mercredi 12 au samedi 15 février 1913.

La Commission d'organisation a l'honneur de vous prier de vouloir bien y assister.

Le programme en est ainsi fixé :

Mercredi, 12 février, à 5 heures. Réception, à l'Hôtel de Ville, par la Municipalité de Paris. Entrée, place de l'Hôtel de Ville, par la porte côté Seine, escalier du Préfet, au premier étage, salon des Arcades.

Jeudi, 13 février, à 4 heures. Réunion à la Bibliothèque historique de la Ville de Paris, 29, rue de Sévigné : élection du Bureau ; répartition du travail entre les deux Sections (Histoire — Archéologie et Beaux-Arts). A l'issue de cette réunion, les deux Sections tiendront séance, chacune dans une salle de la Bibliothèque.

Vendredi, 14 février, à 4 heures. Continuation des séances des deux sections, 29, rue de Sévigné.

Samedi, 15 février, à 4 heures. Séance générale de clôture du Congrès, 29, rue de Sévigné : discours du Président, rapport général sur les travaux du Congrès, examen des vœux et projets divers.

Vous êtes invité, *avec votre famille*, à la réception à l'Hôtel de Ville, du mercredi 12 février. Pour cette réception, tenue de ville.

Il n'est perçu aucune cotisation pour l'admission au Congrès.

Vous êtes prié de vouloir bien conserver la présente invitation qui servira de carte d'entrée à l'Hôtel de Ville et aux séances du Congrès.

Veuillez agréer, Monsieur et cher Confrère, l'expression de nos sentiments les plus distingués et dévoués.

Pour la Commission d'organisation :

Le Président,

Jules GUIFFREY,

*Membre de l'Institut,
Administrateur honoraire de la Manufacture
des Gobelins.*

COMMUNICATIONS AU CONGRÈS

Des projections peuvent accompagner les communications : il suffit de faire préparer les clichés nécessaires.

SECTION D'HISTOIRE

Séance du jeudi 13 février :
Félix Aubert : Simon de Bucy et sa famille.

Augé de Lassus : La pépinière du Luxembourg ; ses origines, ses destinées.

Adrien Blanchet : Note sur les projets de reconstruction du pont Marchand.

Leroux-Cesbron : L'Architecte de Bagatelle.

Manneville : Le Cimetière de Clamart.

Tesson : Etat des connaissances historiques concernant les anciennes eaux de Paris.

Tesson : Le Pont-au-Double.

Séance du vendredi 14 février :
Bugiel : Les étudiants polonais à Paris (XIIIe-XVe siècles).

Emard : La maison du Château-Frilleux, rue de Jouy.

Fanet : La numérotation révolutionnaire.

Fosseyeux : La maison des Cent-Filles ou de la Miséricorde (1625-1790).

Gillet : Note sur la bibliographie parisienne.

Emile Le Senne : Les maisons de Jean Racine à Paris.

Plancouard : La bibliothèque du prévôt des marchands au XVIᵉ siècle.

Vacquier : Les maires et adjoints du VIIᵉ arrondissement.

De Villenoisy : Projets et mémoires de l'échevin François Cosseron, relatifs à l'édilité parisienne.

SECTION D'ARCHÉOLOGIE ET DE BEAUX-ARTS

Séance du jeudi 13 février :

Dʳ Capitan : Les premiers habitants de Paris (avec projections).

Dʳ Capitan et Ch. Magne : Histoire de la céramique commune du vieux Paris (avec projections en couleurs).

Dʳ Dally : Iconographie de Belleville (avec projections).

Jarry : L'hôtel ci-devant du président Rolland, quai de la Tournelle.

Lefebvre des Noettes : Ferrures de chevaux, dites galloromaines, conservées au Musée Carnavalet.

Marmottan : Contribution à l'histoire des Tuileries sous Napoléon Iᵉʳ (avec projections).

Séance du vendredi 14 février :

Paul Combes : Bibliographie géologique et préhistorique du sol de Paris.

Dʳ Dally : L'Hôtel de Condé et la construction de l'Odéon.

Fegdal-Mascaux : Les vieilles Enseignes et l'Enseigne moderne.

Jules Guiffrey : L'architecte Adrien Delamair et l'Hôtel Soubise (avec projections).

Dʳ Larrieu : Jean de Gisors, architecte.

Emile Rivière : Contribution à l'étude de l'époque romaine à Paris.

Emile Rivière : Les lieux-dits parisiens.

PROJETS PRÉSENTÉS A LA SÉANCE DU SAMEDI 15 FÉVRIER

Barroux : Projet de formation, aux Archives de la Ville, d'une collection d'actes de l'état-civil des Parisiens célèbres.

J. Guiffrey et E. Coyecque : Projet de réunion, dans un dépôt ouvert au public, des documents conservés dans les études notariales.

Lucien Lazard : Projet, à exécuter par les Sociétés, d'une bibliographie des rues et maisons de Paris.

L'Esprit : Projet de casier historique des maisons et monuments de Paris.

Marmottan : Projet de préservation des monuments de sculpture du cimetière du Père-Lachaise.

Marcel Poëte : Projet d'élaboration d'un atlas contenant le relevé, par arrondissements, des souvenirs subsistants du passé, en vue de leur sauvegarde.

Marcel Poëte : Projet de petites monographies et de guides destinés à faciliter, dans l'enseignement, la connaissance du cadre au milieu duquel se sont déroulés, à Paris, les événements de l'histoire de France.

Ce programme s'exécuta de point en point. Il fut même légèrement dépassé, l'assemblée ayant décidé d'entendre plusieurs communications proposées en séance.

Le mercredi 12 février 1913, à cinq heures, les membres du Congrès ont été reçus à l'Hôtel de Ville, dans les salons des Arcades, par la Municipalité de Paris. Les honneurs de la réception ont été faits par M. Henri Galli, président du Conseil municipal ; M. Lépine, Préfet de police ; M. Aubanel, secrétaire général de la Préfecture de la Seine, représentant M. le Préfet de la Seine, empêché ; M. P. Quentin-Bauchart, secrétaire du Conseil municipal ; M. Ernest Gay, syndic ; M. Adrien Mithouard, conseiller municipal, vice-président de la Commission du Vieux-Paris ; MM. Deslandres, Duval-Arnould, Le Corbeiller, Lemarchand, Levée, Georges Pointel, Maurice Quentin, conseillers municipaux.

M. Jules Guiffrey, président de la Commission du Congrès, a présenté les congressistes en ces termes :

MONSIEUR LE PRÉSIDENT DU CONSEIL MUNICIPAL ;
MONSIEUR LE PRÉFET DE POLICE, — permettez-moi
d'ajouter : « ET CHER CONFRÈRE » ;
MONSIEUR LE SECRÉTAIRE GÉNÉRAL,

L'édilité parisienne a bien voulu accorder un sympathique appui et un généreux concours à la tentative que nous essayons de réaliser aujourd'hui. Au nom de mes collègues, les délégués des Sociétés d'histoire de Paris, je la prie de recevoir nos sincères remerciements et l'assurance de notre vive reconnaissance. J'y joindrai l'expression de ma gratitude personnelle pour l'aimable accueil que j'ai rencontré chez les autorités dont dépendait le succès de notre entreprise.

Quel est donc le but de ce Congrès des Sociétés d'histoire de Paris ?

A côté des Commissions municipales veillant avec une sollicitude éclairée à la sauvegarde des beautés de notre Cité et à la publication des grandes collections historiques entreprises par la Ville de Paris, dans plusieurs arrondissements se sont constituées des sociétés locales se donnant pour champ de recherches leurs circonscriptions administratives. Elles peuvent ainsi pousser au dernier degré leurs investigations historiques et archéologiques sur un terrain très circonscrit. Leurs travaux ont déjà produit de féconds résultats. Est-il besoin d'autres témoignages de leur activité que ces deux ou trois cents bulletins si pleins, si variés, si riches en informations de toutes sortes, constituant la contribution de ces Sociétés à l'histoire générale et locale de Paris. *(Très bien ! Très bien !)*

A rester isolés, étrangers les uns aux autres, ces groupes de quartier ne risquaient-ils pas de perdre le bénéfice de l'émulation qui inspire les grands efforts, de la confraternité qui encourage et soutient ? Aussi, sans rien abandonner de leur autonomie et de leur indépendance, ces associations ont-elles décidé de se réunir durant quelques jours pour échanger leurs idées, pour examiner ensemble des projets d'un intérêt général.

Tel est le but de notre Congrès.

Aura-t-il un lendemain ? L'avenir le dira. Mais, quoi qu'il advienne, nous aurons conscience d'avoir tenté une œuvre utile, et nous continuerons à travailler avec la même ardeur, avec la même passion, à la glorification des souvenirs de notre cher et beau Paris. *(Vifs applaudissements.)*

M. Henri Galli, président du Conseil municipal, a répondu :

MESSIEURS,

Je me félicite de l'occasion qui s'offre à moi, représentant de l'un des quartiers les plus anciens et les plus riches en souvenirs de Paris, d'accueillir en notre Hôtel de Ville le président et les membres du Congrès des sociétés qui se sont formées en vue d'étudier et de faire connaître l'histoire de Paris.

Nous usons et nous abusons quelquefois, en saluant les nombreux hôtes qui nous font l'honneur d'une visite, de la formule : vous êtes ici chez vous. Permettez-moi de vous l'adresser, car elle ne saurait mieux s'appliquer qu'à un groupement tel que le vôtre.

Vous ne venez pas à l'Hôtel de Ville présenter des revendications, ni défendre des intérêts, vous venez — et nous vous en exprimons toute notre gratitude — associer la municipalité au culte fervent que vous rendez à un glorieux passé. (*Très bien ! Très bien !*)

Le Conseil municipal, si lourd que soit le labeur toujours croissant de l'œuvre communale, est, depuis longtemps, Messieurs, votre collaborateur.

Obéissant au sentiment pieux qui vous anime également, il a fondé la Commission du Vieux-Paris à laquelle un certain nombre d'entre vous appartiennent. C'est un de nos plus distingués collègues, le fin lettré, l'érudit, le très artiste Adrien Mithouard qui la préside, c'est un de nos plus anciens et plus dévoués fonctionnaires municipaux, M. Lambeau, qui en est le secrétaire et rédacteur très autorisé de son bulletin.

Grâce à vous, grâce aux travaux de cette commission, les documents de toute nature, découverts dans les archives, dans les papiers de famille, dans les études de notaires, permettent de reconstituer sûrement l'histoire de Paris.

La bibliothèque Le Peletier Saint-Fargeau, les expositions rétrospectives si curieuses que chaque année y organise M. Marcel Poëte ; le musée Carnavalet, si riche en souvenirs, en pièces rares, et que dirige avec l'amour passionné de Paris mon ami Georges Cain, font revivre la Ville à ses différents âges.

Enfin, les grands travaux qui l'ont bouleversé depuis cinquante ans, les fouilles opérées, nous livrent bien des secrets du Paris d'autrefois, et c'est avec émotion que nous voyons pour quelques heures ou pour quelques jours reparaître des témoins irrécusables du passé.

Aucune époque ne s'est montrée, d'autre part, aussi soucieuse que la nôtre de le faire connaître et de recueillir, de conserver les papiers autrefois jetés au panier. Il nous est facile aujourd'hui de repasser par l'image — car rien ne se perd — l'histoire des cent-vingt dernières années. Nous avons des âmes de collectionneurs et nos arrière-petits-neveux — les journaux, la photographie, la phonographie et la cinématographie aidant — n'auront sans doute à se plaindre que de l'excès d'une documentation débordante. *(Très bien ! Très bien !)*

Jamais les vandales, les iconoclastes ne furent plus qu'aujourd'hui accablés d'anathèmes. Ils doivent capituler et déposer la pioche ; nous leur arrachons ainsi, Messieurs, sous la bienfaisante impulsion de vos sociétés, les proies qu'ils se préparaient — les barbares ! — à dépecer sans respect ni pitié. *(Applaudissements.)*

Combien nous devons regretter que vous n'ayez pas existé plus tôt, alors que les « bandes noires » n'avaient pas encore accompli leurs dévastations impies et détruit les plus beaux échantillons du Paris pittoresque de nos aïeux !

N'empêche que l'œuvre d'aujourd'hui et de demain que vous poursuivez est encore assez vaste et que le champ reste ouvert à votre activité. Je sais quelle est votre ardeur, puisque j'appartiens moi-même, depuis sa fondation, à l'une des sociétés représentées ici aujourd'hui, à la *Cité*, dont le seul titre indique la mission tout particulièrement importante, et que préside l'éminent bibliothécaire de l'Arsenal, M. Henry Martin, avec la collaboration de M. Hartmann, le collectionneur heureux et infatigable.

Messieurs, j'avais donc bien le droit de dire que vous étiez chez vous à l'Hôtel de Ville, près de la Grève, qui fut la première enceinte de Paris ; nous n'avons malheureusement plus à vous montrer ici d'autres souvenirs que ceux de la veille, des souvenirs qui ne datent pas d'un demi-siècle ; mais, en parcourant nos salons, vous verrez que, tout en honorant le présent, la Municipalité a voulu que fussent évoqués dans la Maison commune les grands noms et les grandes scènes de notre histoire.

La population parisienne est restée fidèle au culte des morts ; nous gardons celui du Paris d'autrefois, du Paris dont la glorieuse histoire se confond avec l'histoire de la France. *(Vive approbation.)*

Messieurs, je vous remercie encore de la visite que vous faites à l'Hôtel de Ville, et je lève mon verre en l'honneur de votre savant président M. Guiffrey, en l'honneur de votre congrès et de vos sociétés qui justifient si heureusement par leurs travaux l'admirable mot de Michelet : l'histoire est une résurrection. *(Applaudissements prolongés.)*

Discours de M. le Préfet de police :

Messieurs,

Paris est la seconde patrie de tous ceux qui en ont une autre : c'est ici que bat le cœur de la France et que son esprit brille du plus vif éclat, que son génie se reflète et s'épanouit.

Tous ceux qui aiment Paris, — ils sont nombreux au delà comme en deçà de nos frontières, — vous saurez gré, Messieurs, de l'œuvre que vous entreprenez.

Le sol de Paris foulé, fouillé, labouré par l'effort de tant de générations disparues, a subi au cours des siècles des remaniements profonds. La parure variée des édifices qui s'étalent à la surface cache aux yeux plusieurs étages de ruines amoncelées.

Vous voulez plonger jusqu'au tuf dans ces couches de souvenirs enfouis pour restituer au Paris d'autrefois sa vivante physionomie.

Les collectivités comme les individus sont solidaires de leur passé. Nos mœurs, notre caractère, nos idées, nos forces et nos faiblesses, tout s'explique par l'hérédité. C'est un miroir qui réfléchit tous les rayons. Tout s'éclaire au flambeau de la vérité historique ; pour nous connaître et pour nous juger, il faut remonter jusqu'au berceau de nos origines.

Vous voulez renouer les chaînons de cette longue suite de siècles qui ont vu naître et grandir Paris et le voient s'épanouir. On ne sépare pas la géographie de l'histoire, le temps est la troisième dimension de l'espace : nous attendons de vous la carte historique de Paris, et d'ici que vous ayez parachevé votre œuvre, nous vous faisons confiance parce que nous vous connaissons. Vous ne pouvez douter de l'intérêt passionné avec lequel nous suivrons vos travaux. Puissent nos vœux en assurer le succès ! *(Vifs applaudissements.)*

M. Aubanel, secrétaire général de la Préfecture de la Seine, s'est exprimé ainsi :

Mesdames,
Messieurs,

M. le Préfet de la Seine, que les obligations de sa charge tiennent éloigné de cette réunion, m'a donné mission de vous exprimer ses regrets de n'avoir pu se joindre aux représentants élus de cette ville pour vous offrir lui-même ses souhaits de bienvenue.

J'ai le grand honneur de vous les présenter en son nom et de saluer en vous, Messieurs, les membres de vos différentes associations, la Commission organisatrice de votre Congrès et, en particulier, l'éminent historien qui a pris l'initiative du groupement de vos sociétés, M. Jules Guiffrey, membre de l'Institut.

Au cours de sa brillante carrière, à la tête de l'administration de la manufacture des Gobelins et dans sa très active collabo-ration aux travaux de la Société de l'histoire de Paris,

M. Guiffrey s'est signalé comme l'un des érudits qui ont le plus contribué à faire connaître l'histoire de l'art français et du passé de Paris. Nul n'était mieux qualifié pour vous adresser l'appel auquel vous venez de répondre et pour offrir à votre commune entreprise une plus sûre garantie de succès. (*Applaudissements.*)

L'administration de la Ville de Paris vous accueille aujourd'hui avec une vive satisfaction ; vous êtes loin d'être pour elle des inconnus ; d'étroites et confiantes relations l'unissent à certains de vos groupements et à plusieurs d'entre vous, Messieurs ; vos recherches et vos études sont, d'ailleurs, de celles qui sollicitent le plus vivement son attention et son intérêt. (*Très bien ! Très bien !*)

Les enseignements du passé sont, en effet, précieux pour l'action du présent et nous ne pouvons qu'être reconnaissants à ceux qui projettent sur l'ombre des temps révolus les lumières de leur érudition. En réunissant ces lumières en faisceaux, vous avez été, Messieurs, très heureusement inspirés, vous en accentuez l'éclat et mettez en relief plus saillant tout ce qu'il convient de préserver de l'oubli. C'est un pieux hommage que vous rendez ainsi aux choses du passé parce que vous savez que le rayonnement de Paris est l'œuvre de siècles accumulés. Et c'est pourquoi l'Administration de cette cité, qui suivra avec le plus vif intérêt le marche de vos travaux, est heureuse d'adresser à vos associations ses vœux sincères de prospérité. (*Vifs applaudissements.*)

Après ces discours, un lunch a été servi.

M. Henri Galli a remercié les membres du Congrès d'avoir répondu en si grand nombre à l'invitation de la municipalité ; il a levé son verre en l'honneur de M. Jules Guiffrey, président du Congrès, en l'honneur des congressistes et des dames qui avaient bien voulu s'intéresser, elles qui sont la jeunesse charmante, aux vieilles choses du passé. (*Applaudissements.*)

La réception était terminée à six heures un quart, après une visite des salons de l'Hôtel de Ville et des locaux du Conseil municipal.

Le lendemain, jeudi 13 février, le Congrès commença ses travaux à l'Hôtel Le Peletier de Saint-Fargeau ; il les poursuivit sans interruption jusqu'à la date du samedi 15. Conformément au programme, ces travaux furent partagés entre deux sections, selon qu'ils se rapportaient à l'histoire ou à l'archéologie et aux beaux-arts. Avant de se constituer en sections, le Congrès procéda à l'élection du bureau de chacune d'elles, ainsi qu'à celle du bureau général. Furent élus :

Bureau général : Président, M. Jules Guiffrey ; vice-présidents, MM. le Dr Capitan, Ginisty et Herbet ; secrétaire-général, M. Marcel Poëte ; trésorier, M. L'Esprit.

Bureaux des sections : Section d'histoire : présidents désignés, MM. Herbet, Paul Marmottan, Martin et Mareuse ; secrétaire, M. Manneville. Section d'archéologie et des Beaux-Arts : présidents désignés, MM. Augé de Lassus, le Dr Capitan et Ch. Magne ; secrétaire, M. Vacquier.

Le samedi 15, eut lieu la séance générale de clôture. Dans cette séance, le Congrès entendit d'abord le discours de son président et le rapport de son secrétaire général.

Discours de M. GUIFFREY, président.

MESSIEURS ET CHERS CONFRÈRES,

Au moment de clore ce congrès, réunissant pour la première fois les travailleurs et savants de Paris s'intéressant à l'histoire de notre cité, il convient, me semble-t-il, de rappeler en quelques mots l'origine et les travaux des Sociétés qui ont bien voulu collaborer à l'œuvre commune.

La fondation de ces sociétés parisiennes ne remonte pas bien haut. La plus ancienne, la Société de l'Histoire de Paris et de l'Ile-de-France, fut fondée en 1874. Avant cette date, il n'existait pas un groupement d'historiens ou d'archéologues se consacrant à l'étude du passé de la ville de Paris, comme il y en a dans la plupart de nos anciennes provinces.

La création de la Société de l'Histoire de Paris vint ainsi combler une lacune. Mais pourquoi eut-elle l'ambition d'étendre le champ de ses investigations à toute l'ancienne province de l'Ile-de-France ? Pourquoi ne limita-t-elle pas ses travaux et ses recherches à l'enceinte du Paris moderne ?

On craignit, si nos souvenirs sont fidèles, que le sujet des études ne fût pas assez vaste et ne pût fournir un aliment suffisant aux publications projetées. Quelle erreur ! Les nombreuses associations de quartier, formées depuis une vingtaine d'années, ne démontrent-elles pas assez que l'histoire des différents arrondissements suffit amplement à occuper les loisirs de tous les travailleurs parisiens, à leur fournir pendant bien des années encore d'inépuisables sujets de recherches et d'études.

Est-il besoin d'ajouter ici que la première des Sociétés d'histoire parisienne, la Société mère, — ne mérite-t-elle pas ce titre ? — a su poursuivre sans défaillance, depuis quarante années, la tâche qu'elle s'était imposée. Ses Publications Mémoires, Bulletins, monographies diverses, comptent déjà, tables comprises, plus de cent volumes [1] ; on lui doit la repro-

---

1. La Société de l'Histoire de Paris et de l'Ile-de-France a publié à ce jour : 1º Trente-neuf volumes de Mémoires ou Mélanges (1874-1912).

2º Les tables décennales des publications de la Société, rédigées par M. E. Mareuse (1885, 1894, 1909), 3 volumes.

3º Trente-neuf années d'un Bulletin paraissant tous les deux mois.

4º La reproduction du plan de Paris par Truschet et Hoyau, 8 feuilles in-plano, avec notice de Jules Cousin, 1874-75.

5º Dix-neuf volumes de documents anciens (*Polyptique de Saint-Ger-*

duction de ce précieux plan du seizième siècle, dit plan de Truschet, découvert à Bâle et publié par notre cher et regretté Jules Cousin. Tour à tour la Société de l'Histoire de Paris et de l'Ile-de-France aborde les sujets les plus variés : elle s'occupe du dix-huitième siècle comme du moyen âge ; elle étudie aussi bien les institutions que les monuments ou les personnages marquants, tout ce qui a rapport enfin à la vie de l'ancien Paris.

Cette incessante et féconde activité aurait-elle suffi à mettre en lumière tous les points obscurs d'une cité comme Paris qui compte dix siècles d'existence glorieuse ? N'y a-t-il pas dans la grande ville des régions, des coins reculés présentant une physionomie particulière, très différente de celle de leurs voisins ? Les habitants de tel arrondissement, celui de Montmartre ou des Ternes par exemple ne diffèrent-ils pas du tout au tout, par leurs habitudes, leurs mœurs, leur langage même, de ceux d'une autre circonscription, comme le quartier du Palais Bourbon, ou des alentours de Saint-Sulpice. De là, nécessité de diviser la besogne, de partager la tâche entre des groupes différents, et de créer dans chaque agglomération distincte une commission spéciale pour s'occuper des choses et des gens du passé.

Ainsi naquirent ces Sociétés locales, se donnant la tâche d'explorer et de commenter un coin de Paris bien circonscrit. La première vit le jour à Montmartre. Ce XVIIIe arrondissement semblait tout indiqué, par sa nombreuse population d'écrivains, de journalistes, d'artistes, à prendre l'initiative et à

---

main-des-Prés, par A. Longnon, 2 vol. ; *Lettres de M. de Marville, lieutenant-général de la police, au Ministre Maurepas,* par M. A. de Boislisle, 3 vol. ; *l'Hôtel-Dieu de Paris au Moyen-Age,* par M. E. Coyecque, 2 vol. ; *Documents parisiens du règne de Philippe de Valois,* par M. Jules Viard, 2 vol. ; *Légendes de Saint-Denis,* reproduction de miniatures, 1 vol. ; *Documents parisiens sur l'iconographie de Saint Louis,* par A. Longnon, 1 vol. ; *les Comédiens du roi de la troupe française,* par Emile Campardon, etc., etc.)

donner l'exemple. La création du Vieux-Montmartre remonte à 1886. Depuis lors, il n'a cessé de prospérer. Il s'étend aujourd'hui sur les IXe et XVIIIe arrondissements. Son succès suscita des imitateurs. Aujourd'hui, treize arrondissements coopèrent à la vaste enquête historique poursuivie simultanément sur tous les points. Ils relèvent de huit Sociétés différentes, indépendamment de celle à laquelle nous donnions le titre de Société mère.

Permettez-moi de rappeler en quelques mots les caractères spéciaux de chacun de ces groupements en suivant l'ordre des quartiers. Jusqu'à ces derniers jours, les deux premiers arrondissements n'avaient pas de représentation. La Société, dite *le Centre de Paris*, ne date que du mois de décembre dernier ; c'est la plus jeune de toutes. Elle aura hâte de regagner le temps perdu.

La Cité, réunissant les habitants des IIIe et IVe arrondissements, existe depuis 1902 ; elle s'est développée rapidement ; elle a vite conquis le premier rang par le nombre de ses adhérents. Elle distribue à ses six cent vingt-cinq membres quatre Bulletins chaque année. Le dernier porte le N° 43. Impossible d'indiquer, même sommairement, la variété et l'importance des sujets abordés dans ces publications. Assurément, le quartier de l'Hôtel de Ville, du Temple, de la place des Vosges, du Marais, de l'Ile Saint-Louis, enfin la Cité avec le Palais de Justice et l'Eglise Notre-Dame, offriront longtemps encore une mine intarissable de trouvailles précieuses aux travailleurs de la Cité.

Si nous traversons la Seine, nous rencontrons d'abord la Société de *la Montagne Sainte-Geneviève*. La Mairie du Panthéon qui fut son berceau, lui offre encore l'hospitalité dans une de ses salles où se réunissent les habitants du XIIIe arrondissement avec ceux du Ve. C'est dans cette circonscription que sont situés les vestiges les plus anciens du Paris Gallo-

Romain : les Arènes et les Thermes de Julien. Là aussi s'élevait jadis la plus ancienne basilique parisienne, dédiée à saint Marcel. La Société de *la Montagne Sainte-Geneviève* remonte à 1895. La collection de ses bulletins forme cinq gros volumes.

La Société du quartier Saint-Sulpice ou du Luxembourg, VIe arrondissement, est née en 1898 ; elle produit régulièrement un volume par an. On lui doit une série dont l'idée et le plan mériteraient de trouver des imitateurs ailleurs. Un érudit, armé d'une patience et d'une volonté à toute épreuve, a entrepris d'écrire l'histoire d'une rue entière, maison par maison. Après s'être appliqué d'abord à la rue de Buci, dont la tyrannie de l'alignement a rasé dernièrement plusieurs immeubles fort respectables, il a pris pour objet de ses recherches la rue du Cherche-Midi qui, elle aussi, abonde en bien curieux souvenirs. Ce second travail touche à son achèvement.

Quelle diplomatie, quelle persévérance exigent une pareille tâche ! Trop souvent les fouilles dans les archives publiques, les démarches auprès des notaires ou chez les propriétaires n'aboutissent qu'à de cruelles déceptions. Hâtons-nous cependant d'ajouter que c'est là l'exception, et que notaires et propriétaires se piquent presque tous, aujourd'hui, de s'intéresser aux recherches historiques.

La Société du VIe arrondissement publie chaque année un volume enrichi de nombreuses illustrations. La collection compte actuellement quatorze volumes.

Le VIIe arrondissement, comprenant dans sa circonscription le Palais Bourbon, l'Hôtel des Invalides, le Palais de la Légion d'honneur, possède plus qu'aucun autre quantité de vieilles demeures aristocratiques, spacieuses, magnifiques, accompagnées de vastes jardins. Ces nobles hôtels disparaissent les uns après les autres, en vertu de la loi fatale de la division des héritages. Aucun quartier ne possédait autant de beaux ombrages que le VIIᵉ arrondissement. Voici que la spéculation s'en empare et les grands logis aristocratiques disparaissent ; les jardins séculaires cèdent la place à des pâtés énormes de constructions lourdes et disgracieuses. Il n'est que temps de recueillir les derniers vestiges et les souvenirs de ces résidences quasi princières. Cette obligation s'est d'ailleurs imposée tout d'abord aux érudits du VIIᵉ arrondissement. En tête des douze bulletins illustrés, publiés jusqu'ici, parut une nomenclature des hôtels du faubourg Saint-Germain. La Société du VIIᵉ arrondissement a ses archives, ses salles d'exposition et de conférences ; sa fondation ne remonte qu'à une dizaine d'années ; elle date de 1903.

Avec la Société historique et archéologique du VIIIᵉ Arrondissement ou du Palais de l'Elysée réuni au XVIIᵉ (Batignolles-Monceaux) nous arrivons au Paris moderne, à un centre de luxe, d'élégance mondaine, de plaisir aussi, envahi depuis quelques années par les industries somptuaires les plus brillantes. C'est tout le siècle dernier qui passe sous nos yeux dans les vingt-neuf bulletins illustrés de cette association remontant à 1899 et jouissant d'une subvention du Conseil Municipal. Une étude sur l'Eglise de la Madeleine y voisine avec des souvenirs sur le jardin Mabille ou sur l'hôtel de Madame de Païva. Le vieux logis presque légendaire du Duc de Massa éveille un dernier écho du xviiiᵉ siècle, tandis que le récit de l'enlèvement de Madame de Miramion par le Comte de Bussy-Rabutin nous reporte au règne de Louis XIV. Voici encore une note originale sur le retour de cette foire de Bezons qui n'eut pas moins de succès sous la Régence que nos fêtes modernes de Saint-Cloud ou de Neuilly, et dont le peintre Octavien a consacré, dans un bien joli tableau du Louvre, un piquant souvenir.

Le IXᵉ Arrondissement s'est fondu depuis quelques années

avec cette Société du Vieux-Montmartre dont nous avons dit quelques mots déjà. Depuis sa création, en 1886, cette association n'a cessé de donner chaque année des preuves de son activité. A côté de travaux originaux sur les fameux moulins, ont paru des recherches sur la vieille église de Saint-Pierre, sur les théâtres locaux. Ces fascicules contiennent aussi les procès-verbaux des réunions périodiques tenues dans une salle réservée exclusivement aux sociétaires, dans le voisinage du musée de la butte glorifiée par le seigneur Rodolphe Salis. La matière ne manquera pas de longtemps aux historiens de Montmartre s'ils entreprennent de raconter, à côté des souvenirs d'un passé fort ancien, les fastes mémorables de ces établissements joyeux et ultra-modernes où tout Paris s'est donné rendez-vous pendant une trentaine d'années. Il y a là un chapitre d'histoire littéraire à conserver. Les publications du Vieux-Montmartre paraissent en fascicules. On en compte aujourd'hui soixante-quinze. La Société possède un petit musée local.

La Société historique d'Auteuil-Passy tient le deuxième rang par sa date, car elle remonte à 1892, et aussi par le nombre de ses membres dépassant le chiffre de 350. Elle imprime quatre Bulletins illustrés chaque année ; le dernier porte le N° 72. Elle s'intéresse naturellement aux hommes célèbres qui sont venus chercher sous ses ombrages l'air de la campagne. L'habitation de Boileau, Madame de Genlis, l'abbaye de Longchamp, le couvent de la Visitation, celui des Bonshommes de Passy, la maison de Balzac, le domaine de Bagatelle ont fourni la matière de savantes monographies. Est-ce la Société d'Auteuil-Passy qui a fait poser dans la pittoresque rue Berton l'inscription signalant la double borne encore en place qui séparait autrefois les Seigneuries d'Auteuil et de Passy ? Voilà bien une preuve manifeste du soin apporté par nos confrères aux souvenirs historiques de leur quartier.

Nous en aurions fini avec ces groupements épars sur toute la surface de Paris si la Commission Municipale historique et artistique de Neuilly-sur-Seine n'avait sollicité son admission à notre Congrès, comme Société presque parisienne. Elle y avait certes quelques droits. Si elle diffère par son organisation des autres associations signalées ci-dessus, elle s'en rapproche sensiblement par son but, j'entends par la recherche et l'étude des faits historiques dont le territoire de la commune a été le théâtre, des édifices remarquables qu'elle possède, des personnages notables qui l'ont habitée. Les neuf volumes de Bulletins illustrés, publiés de 1904 à 1912, contiennent des études sur le château et le parc de Neuilly, sur les ponts de la Seine, sur le château de Villiers, sur celui de Bagatelle, sur le domaine de Monceaux, et aussi des notes sur diverses statues de Pajou, de Canova[1].

Nous avons épuisé la liste des sociétés de quartier vouées à l'histoire et à l'archéologie locales; mais il existe aussi plusieurs commissions officielles chargées par l'administration de s'occuper des souvenirs du vieux Paris.

Il convient de rappeler en première ligne la commission des travaux historiques de la Ville, à qui revient la direction et la surveillance des publications votées par le Conseil Municipal. Elle est suffisamment connue ; inutile d'en dire plus long.

Nous nous contenterons de rappeler en passant le Comité des Inscriptions Parisiennes, créé en 1877, par le Préfet Hérold. On connaît son rôle. Plus de cent plaques commémoratives ont été posées par ses soins dans les divers quartiers.

A M. de Selves revient l'idée de la création de la Commis-

---

1. Les associations de quartier ont pris le parti très sage de fixer leurs cotisations à un chiffre très modeste. Il est en général de cinq francs par an, ce qui permet aux Parisiens de se tenir au courant de toutes ces publications pour une somme très modique.

sion du Vieux-Paris, recrutée, partie dans le Conseil Municipal, partie parmi les érudits et les historiens. Depuis une quinzaine d'années, cette commission insère dans des procès-verbaux fort développés des notes savantes sur les maisons anciennes et les vieux édifices que les percements de voies nouvelles font disparaître chaque jour, et dont elle a pour principale mission de sauver autant qu'il est possible les débris intéressants. Ces comptes rendus des séances, publiés d'abord dans le Bulletin municipal, puis réunis chaque année en volumes, constituent une réunion de documents des plus précieux.

La Société des Amis de la Bibliothèque de Paris n'a qu'un objectif, celui d'enrichir les collections de la Ville. Elle s'en acquitte avec un zèle des plus louables : mais elle ne fait rien imprimer. Elle a cependant tenu à être représentée à ce Congrès.

La Société d'Iconographie Parisienne s'occupe, son titre l'indique, de la représentation des anciens monuments, des portraits de personnages illustres, de la reproduction d'anciennes estampes. Elle aussi a voulu s'associer à notre entreprise ; c'est pour nos efforts un précieux encouragement et nous ne saurions laisser passer l'occasion de rappeler ses savantes notices sur l'Incendie de l'Opéra en 1781, sur Montmartre en peinture, sur les Images des Confréries Parisiennes avant 1789, sur l'Hôtel Flesselles de la rue Culture-Sainte-Catherine, etc.

Il est encore une réunion d'artistes et d'amateurs fort érudits à laquelle nous devons une mention spéciale, en raison de son activité et de l'intérêt de ses publications. Le Vieux Papier, société archéologique, historique et artistique pour l'étude de la vie et des mœurs d'autrefois, exploite une mine de richesse inépuisable, bien que généralement assez dédaignée. Dans les dix volumes de ses Bulletins, presque tous composés à l'aide de vieux manuscrits ou d'anciens imprimés considérés comme sans valeur, sont abordées les questions les plus variées sur les mœurs, les institutions, les coutumes du temps passé, et, bien entendu, les choses parisiennes font avant tout l'objet des notes et des mémoires des sociétaires.

Si nous nous laissions entraîner à citer les innombrables sociétés qui s'intitulent « les Amis du Louvre, les Amis du Luxembourg, les Amis des Tuileries, les Amis du Muséum, les Amis de Vincennes », ou encore ces Sociétés de l'histoire de la Révolution, de l'histoire Moderne, de l'histoire de l'art français, qui, toutes, s'intéressent, plus ou moins directement, aux annales parisiennes, nous n'en aurions pas fini de long-temps, et il faut nous borner.

Actuellement, nous nous sommes surtout proposé de créer des rapports réguliers, un lien durable entre toutes ces associations locales de quartier, indépendantes et étrangères les unes aux autres, vivant jusqu'ici sans relations entre elles. N'ont-elles pas un but, un idéal, des intérêts communs ? Quelle autorité prendraient leurs vœux s'ils étaient soutenus par le concours de tous les hommes d'étude s'intéressant à la grandeur et à la beauté de notre cité ?

Tel est le but, telle est la raison d'être du présent Congrès. Peut-être se survivra-t-il en créant des relations périodiques et durables entre toutes les associations citées. Qu'il nous suffise pour aujourd'hui de donner comme conclusion natu-relle à nos réunions le vote de certains vœux intéressant au plus haut degré l'histoire de Paris.

Le programme de ces réunions vous a fait connaître déjà les propositions qui vont être soumises à votre examen et sur lesquelles vous allez être appelés à vous prononcer.

En voici une tout d'abord qui peut recevoir une satis-faction immédiate. Vous avez certainement été frappés comme moi et un peu inquiets de la masse énorme de documents amassés par ces multiples sociétés. Comment se guider dans cette quantité de publications ? Comment rechercher les articles qu'on aurait besoin de connaître et de consulter parmi ces deux cent cinquante ou trois cents Bulletins parus en un petit nombre d'années ? Qui oserait se charger du dépouillement de ces milliers de pages ? Or, ce travail a été entrepris ici même ; il est terminé. Le très distingué Conservateur de la Bibliothèque de la Ville, dont vous connaissez tous le zèle et l'activité, a su mener à bonne fin cette tâche énorme. Il y a plus ; il est tout disposé à l'imprimer dans le Bulletin de la Bibliothèque. Une pareille publication ne nous rendrait-elle pas à tous les plus grands services ?

Vous pouvez donc inviter dès aujourd'hui et de la façon la plus pressante M. l'Inspecteur des Travaux historiques de la Ville à nous donner sans retard la table des matières et des noms propres contenus dans les publications des sociétés historiques parisiennes, et il aura bien mérité de tous les curieux et érudits qui aiment notre glorieuse et noble cité.

Il importe maintenant de décider si vous voulez donner une suite et une sanction à ce Congrès. Beaucoup de nos confrères ont témoigné un très vif désir que cette réunion, en quelque sorte improvisée, laissât un souvenir durable sous forme d'association ou de fédération de toutes les sociétés s'occupant de l'histoire du vieux Paris. Si ce vœu est formellement exprimé, il conviendrait que les groupes adhérents désignassent des délégués. Il leur suffira peut-être de renouveler les pouvoirs de leurs représentants actuels. Ceux-ci se réuniraient pour suivre, d'une part, la réalisation des vœux que vous allez voter, d'autre part, pour jeter les bases de cette association et en préparer le règlement. C'est ainsi que notre œuvre d'aujourd'hui portera ses fruits dans l'avenir.

Rapport de M. Marcel POËTE, secrétaire général.

Dans le Paris du XVIIIe siècle, tout paré à nos yeux de la grâce d'antan, un conseiller de ville du nom de Baizé eut l'ingénieuse idée d'organiser chez lui, à quelques pas d'ici, rue Saint-Antoine, près du couvent du Petit-Saint-Antoine (situé au coin de la rue Saint-Antoine et de la rue actuelle Ferdinand-Duval) une série de conférences réservées à ses collègues du corps municipal et consacrées aux questions touchant le passé et l'administration de Paris. On s'y instruisait, nous dit l'un des orateurs de ces réunions, en 1742, « sur les lois et sur la police de cette capitale du royaume ». Le maître du lieu avait « rassemblé, avec un soin extrême et une dépense considérable — c'est le même orateur qui parle — tous les matériaux nécessaires à une si belle entreprise : livres, plans, fêtes, entrées, monuments... ». La première conférence avait été remplie par la lecture et la discussion « d'un catalogue raisonné de tous les auteurs, tant imprimés que manuscrits » ayant traité de Paris. D'autres réunions furent employées à l'examen de « la savante dissertation de M. Le Roy sur l'origine de l'Hôtel de Ville ». Dans celles qui suivirent, on se mit « à lire et méditer l'ordonnance de Louis XIV de 1672, concernant la juridiction des prévôts des marchands et échevins ». Une autre fois, on traite des fontaines, avec, sous les yeux, « les instruments et les machines en petit » propres à la démonstration. Ou bien on examine « un nombre considérable de différentes vues de Paris, gravées par les plus habiles maîtres ».

N'était-ce pas là, Messieurs, une Société d'histoire de Paris dont nous pouvons nous réclamer comme d'une vénérable aïeule ?

Au nombre des membres de cette compagnie se trouvait le procureur du roi et de la ville, Antoine Moriau, qui devait, par son testament, fonder la première bibliothèque que la municipalité parisienne ait possédée. C'était un excellent homme qui aimait d'autant plus les livres que leur société le consolait de la disgrâce d'avoir épousé une jolie femme d'une fidélité laissant à désirer. Mlle Dionis que Moriau avait épousée est fort jolie, assure en son journal Barbier, qui ajoute : « la femme a fait quelque écart que le mari n'a pas pris aussi doucement qu'il l'aurait dû ». Et le pauvre Moriau fut chansonné :

> Moriau, tu te plains
> Da ta femme infidèle.
> Crois-tu, petit robin,
> Qu'elle est si criminelle ?
> Non, non, toute la ville,
> Pour elle, te dira :
> Que n'as-tu la béquille
> Du père Barnabas ?

La conférence historique des conseillers de ville, Antoine Moriau, le Petit-Saint-Antoine, voilà qui marque les premiers liens entre ceux s'occupant d'histoire de Paris et la Bibliothèque de la ville.

Ces liens, vous avez bien voulu les manifester aujourd'hui en tenant, dans ce vieil hôtel des Le Peletier, votre premier Congrès. Permettez-moi de vous en exprimer tous mes remerciements.

Sans un plus long préambule, j'entrerai dans l'exposé des communications qui ont si fructueusement rempli vos séances.

Les premiers temps de Paris ont été représentés par une double communication du docteur Capitan et de M. Ch. Magne. M. Capitan a décrit la formation géologique de Paris et a relevé les traces qui ont été conservées de ses premiers habitants. La collection de céramique de M. Magne lui a permis de présenter l'évolution de cette industrie dans ses types habituels au cours des âges, jusqu'au XVIIIe siècle.

M. FÉLIX AUBERT nous a présenté un personnage qui a joué un rôle important au XIVe siècle : Simon de Bucy, dont la famille était originaire de Bucy-le-Long en Vermandois. Il a retracé la carrière accidentée de ce personnage, magistrat, diplomate et l'un de ces conseillers du roi Jean que les Etats réunis après le désastre de Poitiers poursuivirent de leur haine. Lorsque le dauphin Charles eut triomphé, en 1358, du mouvement auquel demeure attaché le nom d'Etienne Marcel, Simon de Bucy, qui avait dû se réfugier en Flandre, revint tout puissant, fut réhabilité des accusations portées contre lui et indemnisé de tout ce qu'il avait perdu. Son domaine parisien dont la rue et le carrefour de Buci ont gardé le nom attache son histoire à celle même du sol de Paris.

Avec M. AUGÉ DE LASSUS, nous restons sur la rive gauche : nous sommes dans les parages actuels du Luxembourg et de l'avenue de l'Observatoire, et successivement défilent sous nos yeux, au cours des âges, le manoir de Vauvert, la chartreuse remontant au XIIIe siècle et dont la ville grandissante finit par envahir la solitude. La Révolution détruit les bâtiments des Chartreux dont le clos est annexé au Luxembourg, propriété du comte de Provence. Sous le Premier Empire apparaît en ces lieux l'avenue de l'Observatoire ; toute proche, la Pépinière évoque des souvenirs demeurés chers, paraît-il, à ceux qui l'ont connue. Je ne dirai point la date de sa disparition afin de ne pas vieillir cette génération d'entre vous.

La Seine, mère nourricière du Paris d'antan, attire maintenant nos regards. Sur ses bords, M. ADRIEN BLANCHET nous conduit, et évoque le pont Marchant qui doublait, en quelque sorte, à l'ouest, le Pont-au-Change. Ce pont avait été bâti par le capitaine Marchant sur l'emplacement du Pont-aux-Meuniers écroulé en 1596. Terminé en 1609, il fut incendié en 1621 avec son voisin le Pont-au-Change. Une passerelle fut aussitôt établie en cet endroit, en attendant une reconstruction que des démêlés survenus entre les orfèvres et le président Le Jay firent ajourner jusqu'à l'année 1639.

En amont du Pont-au-Change, mais sur le petit bras de la Seine, le Pont-au-Double a fait l'objet des recherches de M. Tesson. Son histoire est liée à celle de l'Hôtel-Dieu alors situé le long du petit bras de la Seine. Ce pont ne fut construit, sous le règne de Louis XIII, que pour l'Hôtel-Dieu. Il servait à supporter des salles de cet hôpital. Mais au cours de la construction, les habitants de la place Maubert demandèrent que le pont, une fois élevé, pût être aussi utilisé par eux ; ils offrirent de payer un péage. L'Hôtel-Dieu fit aménager en conséquence sur le pont un passage pour piétons et cavaliers. En fait, les piétons seuls purent passer, moyennant le paiement d'un double. D'où le nom donné à ce pont. A partir de 1636, le péage fut affermé. Il rapportait, en 1778, 8460 livres. En 1789, le péage fut supprimé. Le XIXᵉ siècle et le commencement du XXᵉ siècle ont vu se modifier tous ces lieux.

A cette communication, M. Tesson en a ajouté une autre sur les anciennes eaux de Paris. Il a fait un résumé de l'état de la question à cet égard, détruisant la légende du ruisseau de Ménilmontant ou celle de l'aqueduc romain de Chaillot. Il a passé en revue les diverses sources captées au cours des âges, puis les pompes : la Samaritaine datant de Henri IV, la pompe du pont Notre-Dame qui fonctionne à partir de 1673, enfin les pompes à feu des frères Perrier, c'est-à-dire celles de Chaillot et du Gros-Caillou terminées en 1781.

Si le Pont-au-Double dont M. Tesson nous a entretenus est le pont de l'Hôtel-Dieu, Clamart, au faubourg Saint-Marcel, est le cimetière de cet hôpital. M. Manneville s'est fait l'historien de ce cimetière, dont la bénédiction eut lieu en 1673.

Un concierge-fossoyeur était préposé au cimetière. Il s'y trouvait un endroit spécial réservé aux protestants morts à l'Hôtel-Dieu. M. Manneville nous a décrit les convois funèbres, signalé les négligences apportées dans les inhumations, montré enfin le lieu, théâtre de scènes scandaleuses. En 1794, le cimetière fut fermé ; on y avait enterré de nombreux suppliciés.

Nous ne quittons point cette partie de Paris avec M. Fosseyeux qui nous y montre la maison des Cent-Filles ou de la Miséricorde issue du mouvement d'idées de la première moitié du xviie siècle. Antoine Séguier en est le fondateur. Cette maison, établissement privé, a été sous la surveillance d'administrateurs laïques, notamment de membres du Parlement. Le personnel hospitalier en était laïque. Cet établissement, dont les ressources financières sont restreintes, périclite au xviiie siècle pour disparaître en somme au temps de la Révolution.

Un autre établissement hospitalier, les Quinze-Vingts, a attiré les recherches historiques de M. Emard qui nous révèle l'une des propriétés de cet hospice dans Paris : la maison dite le Château-Frileux sise entre les rues de Jouy, Charlemagne, des Nonnains-d'Hyères et du Figuier. Les titres de propriété de cet immeuble qui entra dans le domaine de Quinze-Vingts en 1432 permettent d'en suivre les destinées. M. Emard nous en signale les réparations, les transformations, les locataires. Il remarque en particulier que depuis le xvie siècle il s'y est trouvé des marchands de vin.

Non loin, l'Hôtel de Ville de Paris se rattache aux communications de MM. Plancouard et de Villenoisy.

Le premier, après nous avoir signalé les nombreux documents sur l'histoire de Paris conservés aux châteaux de Vallincourt (Oise), nous met en rapports avec le prévôt des marchands Pierre Le Gendre (1508-1524) dont il nous fait connaître particulièrement la Bibliothèque.

Le second retient notre attention sur les projets de François Cosseron qui fut échevin de Paris sous le règne de Louis XVI. On s'est préoccupé au XVIIIᵉ siècle de doter Paris d'un Hôtel de Ville autre que celui de la place de Grève. François Cosseron a eu, à cet égard, comme d'autres, son projet : il proposait de construire le nouvel Hôtel de Ville à la pointe occidentale de l'île de la Cité, sur l'emplacement de la place Dauphine et du terre-plein du Pont-Neuf ; il proposait aussi l'endroit occupé par le Collège Mazarin. D'autres projets de ce laborieux échevin se rapportent à l'adduction des eaux de l'Yvette, à la démolition des maisons bordant les ponts, à l'établissement de quais, toutes questions qui se trouvaient alors à l'ordre du jour. Il voulait aussi qu'on centralisât au loin les industries insalubres ou incommodes. Un mémoire de lui est relatif aux bois du Morvan à diriger, sous la forme de bois flottés, vers Paris.

C'est un autre point de vue de l'histoire municipale de Paris qu'envisage M. VACQUIER. Ce qu'il apporte, c'est une contribution à l'histoire municipale des arrondissements, sous la forme d'une liste, avec biographies, des maires et adjoints du VIIᵉ arrondissement actuel de Paris. A ces noms, il joint des renseignements sur la Mairie qui fut au Ministère des Travaux publics avant d'être installée à l'hôtel de Villars qu'elle occupe actuellement.

L'identification des demeures des personnages célèbres compte parmi les problèmes historiques les plus complexes. M. EMILE LE SENNE s'est attaqué à la question des demeures de Racine à Paris. Il nous a conduit rue Visconti (ancienne rue des Marais). En 1693, Racine s'installe dans cette rue ; il y meurt en 1699. Mais est-ce au 13 ou au 21 (ancien 19) qu'il habitait ? Il semble que ce dût être plutôt au 21, qui a pour lui l'avantage d'une longue tradition et de coïncidences dans la vie de Racine. M. Le Senne évoque cette vie, s'étend sur l'inventaire après décès et la succession du grand auteur, qui témoignent d'une opulence ne pouvant cadrer qu'avec un logis d'un certain luxe.

Pour identifier les anciennes demeures, il importe d'être versé dans les variations du mode de numérotage des maisons de Paris. M. le Commandant FANET, après avoir parlé du numérotage existant en 1789, a décrit le système du numérotage sectionnaire en usage pendant la Révolution, chaque section de Paris ayant son numérotage spécial. En 1806, on revint au système en usage avant la Révolution. M. Fanet insiste sur l'intérêt qu'il y a à relever pour les maisons la succession des numéros, en faisant ce que Vitu a fait pour la rue de Richelieu.

M. LUCIEN GILLET a attiré notre attention sur l'importance de la bibliographie, signalé les ressources déjà existantes, dégagé la nécessité de bibliographies spéciales et suggéré l'idée de créer, en vue des progrès de la bibliographie parisienne, un comité bibliographique.

C'est également de bibliographie qu'il est question avec M. PAUL COMBES fils, qui présente une bibliographie géologique et préhistorique du sol de Paris. Il justifie l'introduction de la géologie dans l'histoire de Paris, montrant à quel point le sol influe sur le développement de la ville.

C'est à répandre la connaissance de l'histoire de Paris que travaillent Mme BUCHER et Mlle TARRIDE. La première nous a indiqué comment elle concevait l'enseignement de l'histoire, par des leçons accompagnées de visites et illustrées de projections. Mlle Tarride nous a fait part de son expérience, fruit de plusieurs années d'enseignement qu'elle a consacrées aux dames et aux jeunes filles.

L'histoire religieuse proprement dite a été représentée par une communication de M. PASQUIER sur la chapelle funéraire de Saint-Étienne établie dans l'église de Saint-Germain-l'Auxerrois en l'honneur de la famille de Bellièvre. Les Lévis-Mirepoix étaient collateurs du bénéfice. Et c'est aux archives de la maison de Lévis-Mirepoix que M. Pasquier a emprunté les renseignements qu'il a fournis. Il n'y a plus trace de cette chapelle à Saint-Germain-l'Auxerrois.

La rive gauche, c'était ce que l'on appelait, à dater du XIIIᵉ siècle, l'Université. Et l'Université de Paris attirait des étudiants des divers pays d'Europe. Il en venait notamment de Pologne, et c'est de ces derniers que nous a entretenus M. Bugiel. Ils étaient particulièrement en nombre au XIIIᵉ siècle. La Pologne faisait partie de la nation anglaise ou allemande à l'Université. Les assemblées se tenaient à l'église des Mathurins, située entre Saint-Séverin au sud et la Sorbonne au nord. Telle fut l'influence de notre Université en Pologne qu'au XIVᵉ siècle le roi Casimir le Grand érigea à Cracovie une Université sur le modèle de celle de Paris.

M. Leroux-Cesbron s'est fait le biographe de François-Joseph Bellanger, l'architecte de Bagatelle, né en 1744. Il parle de sa liaison avec Sophie Arnould à l'hôtel de laquelle Bellanger avait travaillé, rue de la Chaussée-d'Antin. En 1789, Bellanger habitait 21, rue du Faubourg-Poissonnière. Il adopta les idées nouvelles, rédigea les doléances de son quartier, devint membre de la Commune (1792). Enfermé à Saint-Lazare et à Sainte-Pélagie, libéré après le 9 thermidor, on le trouve de nouveau mêlé à la politique. Le 31 mai 1795, il est appelé à reconnaître Louis XVII, 9 jours avant la mort de ce dernier dont il fit un portrait. Sous l'Empire, il construit les Bains Vigier, l'abattoir Rochechouart et la coupole de la Halle-au-Blé. Il meurt le 1ᵉʳ mai 1818.

Il reste encore maints hôtels à étudier. M. Jules Guiffrey a apporté une contribution à l'historique de l'hôtel Soubise occupé aujourd'hui par les Archives Nationales. Cet hôtel avait été acquis des Guise par le prince de Soubise. Il s'y rattache les noms d'architectes oubliés aujourd'hui, tels que Delamair à qui est due la colonnade intérieure de l'hôtel. M. Guiffrey signale, à la Bibliothèque de l'Arsenal, un manuscrit de Delamair utile à consulter au point de vue de l'hôtel Soubise.

Avec M. JARRY, nous passons sur la rive gauche et nous arrêtons un instant devant l'« hôtel ci-devant du président Rolland », quai de la Tournelle, n° 37. On a la liste ininterrompue des propriétaires depuis 1682 jusqu'à nos jours. Dans la seconde moitié du XVIIIᵉ siècle, cet hôtel fut habité par le président au Parlement Rolland qui lui donna, dans l'ensemble, la physionomie que nous lui connaissons. Le président Rolland périt sur l'échafaud en 1794. Au début du XIXᵉ siècle, l'hôtel devint un dépôt de faïences de Nevers.

Dans le même ordre d'idées, un palais comme celui des Tuileries demeure le sujet de maintes recherches. M. PAUL MARMOTTAN a porté son attention sur la grille des Tuileries et notamment sur les statues de Gérard et Petitot père qui l'ornaient. Puis il a étudié la construction de l'aile en retour des Tuileries sur la rue de Rivoli actuelle, aile qui fut entreprise en 1806 sur les plans de Fontaine et à l'emplacement de l'hôtel de Brionne.

A l'histoire du théâtre se rattache une communication du Dr DALLY intitulée : L'Hôtel de Condé et la construction de l'Odéon. M. Dally fait l'historique de l'hôtel qu'habita le Grand Condé et énumère les divers projets de reconstruction d'une salle de spectacle pour les Comédiens du Roi, au XVIIIᵉ siècle. On songea notamment à l'emplacement de l'hôtel de Condé depuis longtemps abandonné. M. Dally signale les péripéties de l'entreprise qui aboutit à la reconstruction du théâtre, après quatre années de travaux.

C'est une question à l'ordre du jour que celle de la conservation des objets d'art dispersés de toutes parts dans les édifices publics, civils ou religieux. M. PERRAULT-DABOT complète, par une liste accompagnée de photographies et pour les églises de la banlieue de Paris, l'inventaire général de ces objets dressé de 1877 à 1886. Il en signale qui sont particulièrement à classer au nombre des monuments historiques.

La physionomie de Belleville aux derniers siècles a été dessinée par les soins du Dr DALLY qui a tout d'abord esquissé la formation territoriale du village. Il a présenté les souvenirs historiques du lieu et en a décrit le caractère pittoresque dû principalement aux guinguettes célèbres de l'endroit.

M. FEGDAL-MASCAUX décrit les vieilles enseignes, marque la nécessité de les protéger, émet un vœu dans ce sens et aussi pour développer le côté artistique de l'enseigne moderne.

M. DAMICO a choisi, comme spécialité d'étude, les cadrans solaires parisiens. Les plus vieux sont du XVIIᵉ siècle. M. Damico a recueilli la trace de 80 cadrans parisiens. Il énumère et décrit les principaux d'entre eux.

M. le Dr LARRIEU fixe, à l'aide de mentions relevées dans les documents contemporains, le rôle de Jean de Gisors, maître-charpentier du XIVᵉ siècle, qu'il pense être le même personnage que celui qui est signalé, sous le même nom, dans le parchemin découvert en 1905, par M. Sauvageot, dans l'un des piliers de l'église Saint-Pierre de Montmartre.

M. l'abbé CORBIERRE fait une communication sur la sigillographie parisienne. Il énumère les diverses publications susceptibles d'intéresser à cet égard et exprime le vœu que chaque Société d'arrondissement se préoccupe de dresser, en ce qui concerne son champ d'action historique, des listes de sceaux.

Telle est, mesdames et messieurs, l'œuvre du Congrès. Pour féconde qu'elle soit, vous estimerez peut-être qu'elle ne saurait suffire à justifier l'existence de ce Congrès. Si nous ne devions qu'échanger des communications d'ordre historique et nous séparer après purement et simplement, nous ne remplirions qu'une partie du programme attaché à cette réunion.

A vous il appartient de dire si cette réunion doit avoir un lendemain et si, sous une forme ou sous une autre, il n'y a pas lieu de maintenir, entre nous tous, ce contact de la solidarité dans la même œuvre qui décuple les forces.

Tout à l'heure, des discussions vont avoir lieu à l'occasion de projets et de vœux déposés. Pour que ces vœux ou ces projets puissent aboutir, il faut qu'ils soient suivis. Nous vous demanderons donc de statuer sur l'avenir de l'œuvre que vous avez su créer aujourd'hui.

Le rapport général fut suivi de l'exposé et de la discussion des vœux et propositions.

M. Barroux, archiviste de la Ville de Paris et du département de la Seine, appelle l'attention sur l'intérêt que présenterait la formation aux Archives de la Ville d'une *collection d'actes de l'état civil des Parisiens célèbres* ou des personnes dont le nom se trouve étroitement lié à l'histoire de Paris et il demande que le Congrès veuille bien donner son approbation à ce projet.

Un grand nombre de Parisiens célèbres sont décédés ou se sont mariés ailleurs qu'à Paris et il est même parfois difficile de savoir dans quelle localité. Bien entendu, les difficultés sont les mêmes, lorsqu'il s'agit de l'état civil de tous ceux qui, en qualité d'historiens, d'administrateurs, de bienfaiteurs de Paris, appartiennent à l'histoire de cette Ville sans y être nés, et souvent même elles sont dans ce cas relativement plus longues, puisque le lieu de naissance est alors à rechercher lui aussi.

Réunir autant que possible, en une même collection, les actes de l'état civil des uns et des autres, et jusqu'aux actes de naissance des Parisiens, pour que la collection en soit aisément consultée, paraît donc une entreprise des plus louables.

En même temps qu'elle honorerait la mémoire de ces hommes célèbres, la conservation de copies officielles par un service tel que celui des Archives de la Ville de Paris servirait à combler les lacunes trop fréquentes des ouvrages ou même à en rectifier les erreurs.

Le Congrès a adopté.

M. Coyecque dépose, au nom de M. Jules Guiffrey et en son propre nom, deux vœux relatifs aux archives anciennes des notaires de Paris.

Le Président du Congrès n'a pas voulu laisser échapper l'occasion qu'offrait cette réunion d'appeler à nouveau l'attention sur cette question, d'en préciser l'état actuel et d'en préconiser une solution raisonnée et pratique, parce que basée sur l'expérience et sur les faits.

Au cours de deux conférences préliminaires auxquelles MM. Mareuse et Pasquier ont bien voulu assister, l'affaire a été envisagée sous tous ses aspects et les termes des vœux ont été définitivement arrêtés.

Dans cet examen, on s'est résolument placé en face des réalités, sans s'attarder dans le domaine de la rêverie et des abstractions.

Quoi qu'on veuille et quelque surprenante qu'à première vue la chose puisse paraître, le notariat parisien n'est, à aucun point de vue, comparable au notariat des départements ; il a des caractéristiques propres, qui lui donnent une physionomie particulière ; dans l'ensemble du notariat français, celui de Paris a une personnalité distincte ; il la doit au grand nombre des affaires qu'il traite, à leur importance, à la valeur des charges, en un mot, qui résume tout, à Paris, Paris qui différencie tout, Paris dont tous les organes se proportionnent et s'adaptent fatalement à l'activité et à l'intensité de toutes ses fonctions. A notre point de vue spécial, on ne trouve nulle part ailleurs des archives notariales aussi importantes, soit par leur nombre, soit par leur valeur documentaire.

Le notariat de Paris, légitimement fier de posséder tout ce qui fait la force d'une corporation, fortune, science, considération, traditions, discipline, entend conserver son indépendance et résister énergiquement aux velléités que manifestent parfois les pouvoirs publics de s'immiscer dans ses affaires; il estime que, dans cette voie, on est allé déjà suffisamment loin [1].

Ces préoccupations influent sur la question des vieilles archives. Les notaires ne veulent pas consentir à ce qu'on les en dessaisisse; sans doute ils reconnaissent l'inutilité pratique de cette paperasse séculaire, de ces grimoires dont les plus jeunes datent déjà de la Révolution et dont les plus anciens compteront bientôt quatre siècles d'existence; sans doute ils n'en contestent pas l'intérêt historique, bien que de celui-ci ils se fassent souvent une idée inexacte; mais ils entendent les garder chez eux; deux mobiles leur dictent cette attitude : d'abord, l'habitude, le fait acquis, la présence même des vieilles archives dans les locaux des études; ensuite, la crainte qu'en se prêtant bénévolement, sur un point même très secondaire, à une modification de leur constitution, ils n'aient eux-mêmes porté le premier coup dans l'édifice du notariat, resté jusqu'alors intact.

Dans quelle mesure cette crainte est-elle vaine ou fondée ? Nous nous refusons à le discuter; nous nous bornons à constater un fait et à en tirer parti pour le succès même de nos efforts.

Les notaires veulent rester en possession de la totalité de

---

1. Voir notamment le *Rapport fait au nom de la Commission de la Réforme judiciaire... concernant l'organisation du contrôle de la comptabilité des notaires...*, par M. Bender. — Chambre des députés, annexe... de la première séance du 4 juillet 1913, n° 2952, 46 pp. in-4°.

leurs archives; avec eux et comme eux nous le voulons aussi.

Les notaires veulent s'en tenir aux prescriptions édictées par la charte du notariat, la loi de ventôse an XI; avec eux et comme eux nous le voulons encore.

Seulement il faut déterminer le sens exact de ces prescriptions, imposant aux notaires l'obligation de conserver indéfiniment la totalité de leurs minutes. Conserver, qu'est-ce à dire? toute la question est dans ce mot; suffit-il, pour conserver, de reléguer dans un réduit plus ou moins utilisable les quelques centaines de liasses, registres et cartons qui constituent généralement les archives anciennes d'une étude parisienne? On n'oserait le prétendre. Conserver, en technique d'archives, a un sens moins simpliste; le mot implique toute une série de mesures et d'opérations: choix d'un local répondant à sa destination, au point de vue de l'éclairage, de la salubrité, de la sécurité contre le vol, contre l'eau et le feu, au point de vue aussi du mobilier; mise en état matériel des documents, notamment par l'empaquetage de tous ceux qui ne sont pas reliés; classement raisonné, numérotage général, établissement d'un état numérique, sans oublier un nettoyage périodique: en d'autres termes et en dernière analyse, conserver un fonds d'archives, un minutier en l'espèce, c'est faire en sorte que les recherches y soient aussi faciles que dans une collection de Dalloz ou de Sirey.

Or, la conservation des minutiers étant ainsi comprise — et il n'y a pas d'autre manière de la concevoir — on voudra bien reconnaître que dans le plus grand nombre des études tout reste à faire pour réaliser ce programme.

*
* *

C'est précisément l'inobservation, du moins dans leur esprit, des prescriptions de la loi de ventôse an XI qui a attiré l'attention du législateur ; une proposition de loi destinée à améliorer le régime des archives notariales anciennes a été déposée au Sénat ; transmise à la Chambre des députés, elle y a été modifiée, en vue d'étendre le bénéfice de ses dispositions aux archives anciennes des greffes ; retournée au Sénat, qui l'a encore amendée, la proposition est actuellement, au Palais-Bourbon, confiée à l'étude de la commission de Réforme judiciaire.

Il y a deux ans, la *Société d'histoire moderne* a procédé à un examen très attentif de cette proposition de loi, examen auquel M. Coyecque a pris une part active ; sur plusieurs points le texte adopté par le Sénat a été modifié, en vue d'en rendre les dispositions plus opérantes. Pour le département de la Seine, M. Coyecque, invoquant la situation, à tous points de vue spéciale, du notariat parisien, a fait accepter par la *Société d'histoire moderne* un amendement qui concilie, dans la plus large mesure possible, l'intervention du législateur et le légitime désir des notaires de Paris de n'être pas dépossédés de leurs archives, même les plus anciennes. En voici le texte :

« Pour le département de la Seine, la chambre des notaires devra, dans le délai de trois ans à compter de la promulgation de la présente loi, créer un dépôt central des dites archives dans un ou plusieurs immeubles lui appartenant. Le choix des immeubles et l'organisation administrative du dépôt central seront soumis à l'approbation préalable du garde des sceaux et du ministre de l'instruction publique ; le personnel de ce dépôt sera recruté dans les mêmes conditions d'aptitude que celui des archives départementales [1] ».

On propose au Congrès d'adopter, à son tour, cet amendement et d'inviter ses délégués à se concerter avec le Bureau de la *Société d'histoire moderne* pour une action commune auprès

---

1. *Bulletin de la Société d'histoire moderne,* 1911, pp. 19-23, 26-28 et 37.

de la Commission de Réforme judiciaire de la Chambre des députés.

*
* *

Mais en attendant le vote plus ou moins lointain de cette proposition de loi, on peut dès à présent exercer une action utile auprès des notaires de Paris individuellement. C'est à quoi s'est déjà employé M. Coyecque, que deux notaires ont bien voulu charger, dans ces derniers mois, de classer leurs archives anciennes suivant les principes exposés plus haut ; le résultat final de ces travaux de classement a été consigné dans le *Bulletin de la Société de l'histoire de Paris et de l'Ile-de-France,* sous forme de deux états numériques des documents conservés dans ces études [1]. Un troisième minutier est actuellement en cours de classement, par les soins de M. Foiret, d'après la même méthode, et l'état numérique en sera également publié bientôt.

M. Coyecque se propose d'obtenir que d'autres notaires, imitant cet exemple, fassent à leur tour classer leurs archives anciennes, dans les mêmes conditions ; M. Coyecque dirigerait les travaux de classement, qui seraient exécutés par des archivistes ; en cinq ans, deux archivistes, avec deux auxiliaires, pourraient classer les archives anciennes des cent dix-sept études parisiennes restant, après les trois déjà classées ; il en coûterait environ 600 francs par étude, pour indemnité à l'archiviste et frais de matériel.

Aux termes du second vœu, on propose au Congrès de charger ses délégués de se rendre auprès du Président de la Chambre des notaires de la Seine pour le prier de vouloir bien se montrer favorable à la généralisation de ces travaux de

---

1. Tome XXXIX (1912), pp. 37-63 et 149-168, et tirage à part, 52 pp. in-8°.

classement et d'établissement d'états numériques et appeler l'attention des membres de sa Compagnie sur l'intérêt que leur exécution présente à divers points de vue. Quelle meilleure objection notamment présenter à l'encontre des projets de dépossession que de pouvoir montrer les archives anciennes de chaque étude dans des conditions de conservation et de communication qui, nulle part ailleurs, ne sauraient être plus satisfaisantes? Le notariat parisien est trop éclairé pour ne pas comprendre qu'il tient en ses mains la réalisation de son légitime désir de garder toutes ses archives.

PREMIER VŒU

Le Congrès des Sociétés d'histoire de Paris réuni le 15 février 1913,

Vu le procès-verbal de la séance du Sénat du 17 mars 1908, ensemble le rapport de M. Louis Legrand, sénateur;

Vu les procès-verbaux de la Société d'histoire moderne des 5 février, 5 mars et 2 avril 1911;

Considérant qu'il importe d'assurer la conservation matérielle et l'utilisation scientifique des archives notariales anciennes;

Considérant que la proposition de loi adoptée par le Sénat est actuellement soumise à l'examen de la Commission de Réforme judiciaire de la Chambre des députés;

Considérant que la Société d'histoire moderne, sur rapport préalable de deux de ses membres, a revisé le texte de la proposition de loi susvisée, en vue d'en rendre les dispositions plus opérantes et de prévenir certaines objections des détenteurs actuels de ces archives;

Délibère :

Le Bureau du Congrès est chargé de faire auprès des pouvoirs publics toutes démarches utiles en vue de la mise à l'ordre du jour de la Chambre des députés, dans le moindre délai, de la proposition de loi susvisée, telle qu'elle a été amendée par la Société d'histoire moderne.

COYECQUE, GUIFFREY, MAREUSE, PASQUIER.

Proposition de loi votée par le Sénat le 17 mars 1908.

Texte amendé par le Congrès des Sociétés d'histoire de Paris et par la Société d'histoire moderne.

ARTICLE PREMIER. — Les minutes des actes notariés et les minutes de toute nature (jugements, actes, registres, procès - verbaux) dont les greffiers ont légalement la garde et la conservation, ayant une date antérieure à 1790 et, à l'avenir, une date antérieure à 125 ans, pourront être déposées dans les archives départementales par les gardiens de ces minutes, après assentiment du Conseil général du département, sur avis conforme, pour les notaires, de la chambre de discipline de leur ressort, et, pour les greffiers, du premier président et du procureur général pour les cours d'appel, du président et du procureur de la Républi-

ARTICLE PREMIER. — Les archives des études notariales ayant une date antérieure à 1790 et, à l'avenir, une date antérieure à 125 ans, pourront, et les archives des greffes, dans les mêmes conditions de date, devront être déposées dans les archives départementales, après assentiment du Conseil général du département.

Si le Conseil général du département décide d'ajourner le dépôt dans les archives départementales des documents susvisés, l'archiviste du département devra, s'il est nécessaire, classer ceux des greffes dans les locaux où ils sont conservés; leur communication sera soumise à la même réglementa-

que pour les tribunaux de première instance ou de commerce, du juge de paix et du procureur de la République pour les justices de paix.

ARTICLE 2. — En effectuant le dépôt, les notaires et greffiers dresseront, en deux exemplaires, qui seront certifiés et signés par eux et par l'archiviste départemental, un état succinct des minutes déposées, desquelles récépissé sera donné par l'archiviste au bas de l'un des deux exemplaires.

L'un des exemplaires de cet état sera déposé au rang des minutes du notaire ou du greffier qui aura fait le dépôt.

ARTICLE 3. — A partir du jour du dépôt, les notaires et greffiers seront déchargés des obligations leur incombant comme gardiens, et ils n'au-

tion que celle des archives départementales.

Exception est faite pour les actes de l'état civil et pour les registres de catholicité, qui, de même que les documents relatifs aux affaires civiles postérieures à 1790, ne seront pas compris dans les dépôts faits aux archives départementales.

ARTICLE 2. — Au moment d'effectuer le dépôt, les notaires et greffiers ou, à leur défaut, l'archiviste départemental, dresseront en deux exemplaires un état succinct des archives déposées, desquelles récépissé sera donné par l'archiviste au bas d'un des deux exemplaires, qui sera mis au rang des minutes du notaire ou du greffier ayant fait le dépôt.

ARTICLE 3. — A partir du jour du dépôt, les notaires et greffiers seront déchargés des obligations leur incombant comme détenteurs, et ils ront plus qualité pour délivrer des expéditions des minutes et pour les certifier.

Les minutes déposées seront communiquées et les expéditions ou extraits littéraux en seront délivrés par l'administration départementale, conformément aux lois, décrets et règlements relatifs aux archives départementales, sauf ce qui sera dit à l'art. 5.

Les expéditions et extraits ainsi délivrés ne pourront être revêtus de la formule exécutoire, s'il y a lieu, qu'à la charge de se conformer aux formalités prescrites par les articles 844 et suivants du code de procédure civile ; le président du tribunal civil, statuant en référé en vertu de ces articles, commettra par son ordonnance un notaire ou un greffier, suivant le cas, chargé de revêtir l'expédition de la formule exécutoire.

ARTICLE 4. — Par dérogation à l'article 23 de la loi du 25 ventôse an XI, les notaires pourront, sauf ce qui sera dit

n'auront plus qualité pour délivrer des expéditions des archives et pour les certifier.

Les archives déposées, etc... Le reste sans changement.

Paragraphe 3. — Sans changement.

ARTICLE 4. — Par dérogation à l'article 23 de la loi du 25 ventôse an XI, les notaires pourront, sauf ce qui sera dit à l'article 5 et sans aucune formalité de justice, donner connaissance et délivrer des expéditions et extraits des actes visés par l'article 1er, à toute personne justifiant qu'elle poursuit un but scientifique.

ARTICLE 5. — Malgré les dispositions qui précèdent, les parties intéressées en nom direct, leurs héritiers ou ayant cause ont le droit de faire, par acte extrajudiciaire, défense à l'administration préfectorale ou au notaire, selon les cas, de donner connaissance des actes notariés les concernant, qu'elles spécifieront, et d'en délivrer des expéditions ou extraits, si ce n'est dans les conditions fixées par l'article 23 de la loi du 25 ventôse an XI.

à l'article 5, et sans aucune formalité de justice, communiquer les documents visés à l'article 1er, en laisser prendre copie et délivrer des expéditions et extraits à toute personne justifiant qu'elle poursuit un but scientifique.

ARTICLE 5. — Sans changement.

ARTICLE 6. — Par dérogation à l'article 1er, les chambres des notaires des départements pourront créer au chef-lieu de l'arrondissement un dépôt des archives visées à l'article 1er, ou se réunir pour créer un dépôt unique au chef-lieu du département. L'installation matérielle de ces dépôts sera soumise à l'approbation préalable du garde des sceaux et du ministre de l'instruction publique.

Pour le département de la Seine, la chambre des notaires devra, dans le délai de trois ans à compter de la promulgation de la présente loi, créer un dépôt central des dites archives dans un ou plusieurs immeubles lui appartenant. Le choix des immeubles et l'organisation administrative du dépôt central seront soumis à l'approbation préalable du garde des sceaux et du ministre de l'instruction publique ; le personnel de ce dépôt sera recruté dans les mêmes conditions d'aptitude que celui des archives départementales.

D'autre part, il sera également créé pour le département de la Seine un dépôt central des archives des greffes visées au dit article 1er ; le choix du local et l'organisation administrative de ce dé-

pôt seront arrêtés par le garde
des sceaux et le ministre de
l'instruction publique.

DEUXIÈME VŒU

Le Congrès des Sociétés d'histoire de Paris, réuni le 15 février 1913,

Vu le vœu émis par lui en faveur de la promulgation prochaine d'une loi assurant la conservation matérielle et l'utilisation scientifique des archives notariales anciennes, notamment à Paris ;

Considérant que cette promulgation peut n'avoir lieu qu'à une date encore éloignée ;

Considérant qu'en attendant il est désirable que des mesures soient prises pour réaliser partiellement et par anticipation les améliorations visées dans la proposition de loi susmentionnée ;

Emet le vœu :

1° Que la Chambre des notaires de la Seine organise, dans un ou plusieurs immeubles lui appartenant, un dépôt central destiné à recevoir les archives anciennes des différentes études ;

2° Que subsidiairement, en attendant l'organisation du dépôt central indiqué à l'article précédent et en vue même d'en faciliter la réalisation, les notaires de la Seine veuillent bien faire procéder au classement méthodique de leurs archives anciennes et à l'établissement de répertoires numériques.

COYECQUE, GUIFFREY, MAREUSE, PASQUIER.

Les deux vœux sont adoptés.

M. le commandant DE FOSSA rappelle la longue série d'efforts tentés par la société des *Amis de Vincennes* pour obtenir la désaffectation et la remise à l'Administration des Beaux-

Arts du donjon et de la Sainte-Chapelle de Vincennes ; il demande au Congrès d'émettre « un vœu pour que le château de Vincennes, notamment son donjon, soit rouvert le plus tôt possible aux visiteurs, avec un gardiennage sérieux, qu'un musée soit créé dans la vieille tour, qu'aucune disposition entraînant des modifications ou adjonctions aux constructions du xive siècle ne soit faite et que des crédits spéciaux soient inscrits au budget de 1914 pour l'élaboration du programme de la société des *Amis de Vincennes*, qui est celui de tous les amis des arts et de tous ceux qui ont le culte de notre histoire nationale ».

Le Congrès a adopté.

M. Lucien Gillet propose l'adoption du vœu suivant :

Le Congrès :

Considérant que si la bibliographie parisienne existe en partie, elle est disséminée dans toutes les bibliothèques publiques et privées, et par suite d'une utilisation difficile ;

Estimant que pour faciliter et rendre en même temps plus complète l'étude de l'histoire de Paris, il conviendrait d'étendre la bibliographie à l'examen de tous les ouvrages généraux qui peuvent contenir des parties sur tel ou tel sujet, et de grouper toutes les sources de renseignements ;

Emet le vœu :

Qu'il soit créé, sous l'égide de la Bibliothèque Le Peletier de Saint-Fargeau, un *Comité bibliographique* chargé de centraliser tous les documents.

Le Congrès a adopté.

Projet exposé par M. Lucien Lazard :

Nous sommes réunis pour travailler en commun. J'ai l'honneur de vous proposer une esquisse de travail à exécuter par l'ensemble des sociétés d'histoire locale de Paris : il s'agit d'une bibliographie des rues et monuments de Paris, et, sans préambule inutile, j'entre dans l'exposé du projet et dans l'examen des voies et moyens qui semblent pouvoir en assurer l'exécution.

I

La bibliographie des rues et monuments de Paris, c'est l'indication, pour chacune des voies publiques, des travaux qui, en volumes, en brochures, en articles de revues et de journaux, fournissent des indications sur le passé des avenues, boulevards, passages, places, ponts et rues de Paris, ainsi que sur les monuments civils ou religieux, hôtels et maisons, jardins et parcs qui les bordent. Ces renseignements, classés dans l'ordre alphabétique, seront sans doute d'un grand secours pour tous ceux que l'histoire de notre grande cité ne laisse pas indifférents, et constitueront pour Paris un *Bottin bibliographique*.

II

Quels sont les moyens pratiques de mener ce travail à bonne fin ? Voici ceux que je me permets de vous suggérer.

Paris serait divisé en un certain nombre de circonscriptions d'études réparties entre les différentes sociétés d'histoire locale et que l'on pourrait fixer comme suit :

ARRONDISSEMENTS	SOCIÉTÉS CHARGÉES DU TRAVAIL
Ier et IIe.....	*Le Centre*, société des Ier et IIe arrondissements.
IIIe et IVe....	*La Cité*, société historique des IIIe et IVe arrondissements.
V^e, XIIIe et XIVe..	Société *La Montagne Sainte-Geneviève*.
VIe.......	Société historique du VIe arrondissement.

ARRONDISSEMENTS	SOCIÉTÉS CHARGÉES DU TRAVAIL
VIIe et XVe....	Société historique du VIIe arrondissement.
VIIIe et XVIIe...	Société historique du VIIIe arrondissement.
IXe, XVIIIe et XIXe.	*Le Vieux Montmartre*, société historique des IXe et XVIIIe arrondissements.
X^e......	Société historique du Xe arrondissement (en formation).
XVIe......	Société historique d'Auteuil et de Passy.

Restent trois arrondissements, les XIe, XIIe et XXe pour lesquels, faute de sociétés, il y aurait lieu de s'adresser à des spécialistes : il ne m'appartient pas actuellement de les nommer, mais je ne crois pas trop m'avancer en assurant que, suivant toute probabilité, ces collaborateurs futurs ne nous refuseraient pas leur concours.

Pour mener l'œuvre à bonne fin, une commission de trois membres par société paraît suffisante : il est bien connu en effet de vous que, pour faire de la bonne besogne, il ne faut pas être trop nombreux.

Quant à l'exécution matérielle du travail elle pourrait être assurée : 1º Par une contribution pécuniaire à demander à chaque société participante ; 2º Par les souscriptions individuelles des membres des sociétés et du public ; 3º Par une subvention à solliciter du Conseil municipal de Paris.

III

Passons maintenant à l'objet principal de cette communication, c'est-à-dire aux sources à consulter et à la forme à donner à l'ouvrage.

La condition primordiale d'un travail c'est d'être réalisable et si l'on demande aux collaborateurs une besogne au-dessus de leurs forces et de leurs loisirs, il est certain que l'œuvre ne verra jamais le jour : il faut donc savoir se borner.

Les historiens et les auteurs de monographies parisiennes aux XIXe et XXe siècles ont résumé, à peu de choses près, les écrivains qui les ont précédés et, dans l'ordre des recherches relatives aux généralités sur chaque voie publique, il y aura lieu de savoir faire un choix dans les auteurs anciens et de se limiter à ceux qui, antérieurement à l'époque contemporaine, nous ont fourni les notions extraites de leurs prédécesseurs en y ajoutant le fruit de leurs recherches, à savoir : Dezallier d'Argenville, Piganiol de la Force, Jaillot et Thiéry, en y ajoutant Lebeuf dans les éditions modernes de Cocheris et de Bournon.

Cette méthode ne s'applique qu'aux recherches sur les voies publiques : quant aux hôtels, jardins, églises ou édifices de tous genres qui les bordent, il faudra nécessairement être moins exclusif et, pour ne citer que quelques exemples, à l'article de *Saint-Jacques-de-la-Boucherie*, il faudra mentionner le vieux mais toujours excellent livre de l'abbé Villain et, pour les hôtels et maisons, les articles si précieux de l'Architecture française de Blondel.

Pour l'époque contemporaine où est née la conscience historique, où les auteurs ne se croient plus, comme par le passé, le droit de copier impudemment leurs devanciers, il y aura lieu de procéder différemment et de puiser les renseignements à des sources nombreuses dont je citerai quelques-unes.

La première est évidemment le catalogue méthodique de la *Bibliothèque de la ville de Paris*, principalement les divisions 31 à 40 : Topographie, et 42 à 49 : Monuments et architecture ; les divers catalogues de la *Bibliothèque Nationale*.

Viennent ensuite les Bibliographies de Paris de MM. Barroux, Lacombe et Valentin Dufour, et celle de M. Tourneux pour la période révolutionnaire.

Le catalogue de la Bibliothèque de l'abbé Bossuet.

La collection Lazare-Montassier sur les rues et monuments de Paris, conservée aux Archives de la Seine.

La Topographie historique de Paris, publiée par la Ville (collection verte).

L'Epitaphier de Paris, de Raunié (même collection).

Les Rues de Paris, de Lurine.

Le Guide archéologique de Paris, de Guilhermy.

L'Histoire de Paris, rue par rue et maison par maison, de Lefeuve.

Les diverses monographies de voies publiques telles que la rue Hautefeuille de M. Baillière, les rues de Bussy et du Cherche-Midi de M. Fromageot, la rue de Richelieu de Vitu, si inexactement intitulée « La Maison mortuaire de Molière » ; La rue du Bac de M. Duplomb, etc.

Les œuvres de Fournier, de Fournel, de Vitu.

Les Procès verbaux de la Commission municipale du Vieux Paris.

Les Publications de la Société de l'Histoire de Paris.

Les Publications de la Société d'Iconographie parisienne.

Les Bulletins des sept sociétés d'arrondissements actuellement existantes.

Les Revues d'architecture.

L'Inventaire des Richesses d'Art de la France et celui des monuments de la Ville de Paris.

Les Bulletins annuels des Réunions des sociétés d'Art et d'Archéologie.

La Revue et Gazette municipale des frères Lazare.

Le Courrier municipal, des mêmes auteurs.

La Bibliothèque Administrative, par eux publiée de 1862 à 1870.

La Ville de Paris, qui parut de 1880 à 1884.

La Revue « Le Monde moderne ».

Et, pour finir, certains journaux quotidiens qui ont fait dans leurs colonnes une large place à l'histoire de Paris, tels que le Moniteur, la Gazette des Tribunaux, le Journal des Débats, le Temps, le Figaro, le Gaulois, etc.

Les monographies d'églises, d'hôtels, de maisons, de jardins.

Tout cela est donné à titre d'indication, et sans qu'on prétende en rien limiter le champ d'action des collaborateurs, sous cette réserve toutefois que leurs recherches se bornent aux *imprimés*.

Il va sans dire que même au prix de consciencieux efforts, la première édition tout au moins de cette bibliographie sera certainement très incomplète et de nature à soulever de nombreuses critiques. Il n'y aura pas lieu de s'en émouvoir : un travail, si incomplet soit-il, vaut mieux que pas de travail du tout. D'autres viendront après nous le reprendre et nous faire oublier ; ils seront dans leur rôle comme nous aurons été dans le nôtre.

IV

Quelle forme convient-il de donner à cette bibliographie ? Incontestablement la forme alphabétique, celle d'un dictionnaire calqué sur un ouvrage officiel que vous connaissez et qui se nomme « La Nomenclature des voies publiques et privées de la Ville de Paris » avec cette différence que l'on fondra en un seul corps, étant donné l'objet du travail, les voies existantes et les voies supprimées.

C'est ainsi que la rue d'*Autriche* disparue depuis longtemps, dont la rue de l'*Oratoire* représente une fraction et qui a fourni à M. Ducro le sujet d'un intéressant article paru dans le *Siècle* du 20 janvier 1906, figurera dans votre répertoire entre la rue d'*Auteuil* et le passage *Auvry*.

Les rues seront indiquées avec leur étendue actuelle que tous connaissent et non avec leur étendue ancienne ; à l'article de la rue *Saint-Antoine*, qui sera pris tout à l'heure comme type d'un article du futur dictionnaire, nous renverrons à la rue *François-Miron* pour la fraction qui anciennement lui appartenait entre les rues de *Fourcy* et des *Barres* et qui en a été enlevée il y a près de cinquante ans.

Des renvois analogues existeront pour les édifices et maisons qui bordent chaque voie publique et c'est ainsi qu'à l'article SULLY (Hôtel), on trouvera : V. SAINT-ANTOINE (Rue).

Après ce préambule, je passe de la théorie à la pratique, en donnant à titre d'exemple, d'ailleurs fort incomplet, l'article de la rue Saint-Antoine : les différentes références sont classées dans l'ordre chronologique, ce qui vous explique l'indication du livre de l'abbé Lebeuf, au milieu des ouvrages du XIXe siècle où parurent les deux éditions complétées par Cocheris et Bournon.

On ne s'étonnera pas non plus de voir les citations extraites des ouvrages généraux indiquées seulement par les noms d'auteurs : j'estime qu'il est préférable, afin d'éviter des redites inutiles et fatigantes pour le lecteur, de donner dans une bibliographie sommaire placée en tête de l'ouvrage, la liste des ouvrages généraux et des éditions dont on se sera servi.

SAINT-ANTOINE (Rue). — IVe arrondissement. — 14e quartier, Saint-Gervais : impairs, 87 à 137. — Pairs, 74 à 100. Commence rue et place de la Bastille 3. Finit rue de Sévigné 2 et rue de Fourcy 16. Numérotage actuel : Arrêté préfectoral du 4 juin 1900.

15e quartier : Arsenal. Impairs, 1 à 85. — Pairs, 2 à 72. Concordance du numérotage actuel et du numérotage révolutionnaire.

Tableaux de M. Taxil : Tabl. I, pp. 58 à 59 ; tabl. II, pp. 31 ; tabl. III, pp. 26 à 27.

La partie comprise entre la rue des Barres et la rue de

Fourcy a été retranchée et dénommée rue *François-Miron* par décret du 2 octobre 1865. V. : FRANÇOIS-MIRON (Rue).

PIGANIOL DE LA FORCE : Tome IV, pp. 472-473.

JAILLOT : Tome III, Quartier Saint-Antoine, pp. 4 et 5.

PRUDHOMME : Tome VI, pp. 47-53.

LURINE : Tome II, p. 54.

LAZARE (Louis et Félix) : 1844, pp. 22-23 ; 1855, pp. 165-166 ; 1879, pp. 43 et 144.

COLLECTION LAZARE aux Archives de la Seine : Tome VII, nos 716 à 723.

LEFEUVE : Tome V, pp. 356 à 383.

LOCK : pp. 349-350.

Le quartier et la rue Saint-Antoine dans le journal LA VILLE DE PARIS, 1881, pp. 4159, 4285, 4302, 4356, 4465, 4467, 4507, 4684, articles anonymes, mais dus probablement à Louft. Même journal, 28 décembre 1884, pp. 4 à 6.

NORMAND (Charles) : pp. 339 à 342.

CHAMPEAUX : pp. 148 à 155.

COMMISSION MUNICIPALE DU VIEUX-PARIS : 1899, pp. 96 et 191.

PESSARD : pp. 1300 à 1304.

ROCHEGUDE : IVe arrondissement, pp. 162 à 172.

Numéros impairs.

Nº 17 actuel, 216 ancien. Jadis couvent des Filles de la Visitation Sainte-Marie, aujourd'hui temple protestant.

Manière de donner l'habit aux sœurs de la Visitation Sainte-Marie de Paris. — Lyon, 1634, in-8°.

La vie de Louise-Eugénie de Fontaine, religieuse de la Visitation rue Saint-Antoine, morte le 29 septembre 1694, — 1694, in-12.

SAUVAL : Tome I, p. 716.

BRICE (Germain) : Tome II, pp. 230-234.

PIGANIOL DE LA FORCE : Tome V, pp. 39 à 43, 479.

DEZALLIER D'ARGENVILLE : pp. 267-268.

JAILLOT : Tome III, quartier Saint-Antoine, pp. 21-26.

THIERY : Tome I, pp. 675-677.

COLLECTION LAZARE : Tome 75, articles 697-701.

INVENTAIRE DES ŒUVRES D'ART DE LA VILLE DE PARIS : Tome IV, pp. 335-350.

CHAMPEAUX : p. 150.

COMMISSION MUNICIPALE DU VIEUX-PARIS : 1898, p. 20; 1903, pp. 58, 59, 71.

LEBEUF : Édition Bournon, pp. 356-357.

INVENTAIRE DES RICHESSES D'ART DE LA FRANCE : Tome III, pp. 112-114.

BAYET (Jean) : Edifices religieux de Paris. XVIIᵉ-XIXᵉ siècle. Paris, Laurens, 1910, in-8°, pp. 26-27.

Nᵒ 21 actuel, ancien 212, Hôtel de Mayenne, puis d'Ormesson.

BRICE (Germain) : Tome II, p. 230.

PIGANIOL DE LA FORCE : Tome V, p. 39.

DEZALLIER D'ARGENVILLE : p. 267.

CHAMPEAUX : pp. 148-149.

L'Hôtel de Mayenne, par Jules Prieur, dans la CITÉ, 1906, pp. 171-187.

Numéro 87 actuel, ancien 134.

Un héros oublié, le caporal Thibault, par Jules Tausend, dans la CITÉ, 1909, pp. 619-630.

La Maison de la Truie qui file, dans la CITÉ, 1909, pp. 631-634, par Nothing et d'Estrées.

Nᵒ 99 actuel, ancien 122, et 101 actuel, ancien 120. (Eglise Saint-Paul et Lycée Charlemagne, ancienne maison professe des Jésuites, église Saint-Louis de la Culture, Bibliothèque de la Ville, Section de l'Arsenal, Société des Nomophiles, etc.).

Oraisons funèbres, cérémonies, dépôts de cœurs royaux à l'ancienne église des Jésuites, catalogue de leur Bibliothèque. Voir CATALOGUE DE LA BIBLIOTHÈQUE DE L'ABBÉ BOSSUET, articles 871 à 877, pp. 149-150.

SAUVAL : Tome I, p. 463 ; tome II, p. 143.

BRICE (Germain) : Tome II, pp. 172 à 196.

PIGANIOL DE LA FORCE : Tome V, pp. 1 et 34 ; tome VIII, pp. 378-382.

DEZALLIER D'ARGENVILLE : pp. 267 à 268.

JAILLOT : Tome III, quartier Saint-Antoine, pp. 20-21.

THIERY : Eglise Saint-Louis et bibliothèque de la Ville : Tome I, pp. 699-705.

DENIS DE HANSY : Notice historique sur la paroisse Saint-Paul, Saint-Louis. — 1842, in-8°.

CHAUVIN (Victor) : Le Lycée de Charlemagne dans l'HISTOIRE DES LYCÉES ET COLLÈGES DE PARIS. — Paris, Hachette, 1866, in-12, pp. 63 à 85.

LEBEUF (Abbé), édition Cocheris, 1867, tome III, pp. 480-497.

MENORVAL (Eugène La Goublaye de) : Les Jésuites de la rue Saint-Antoine, l'église Saint-Paul-Saint-Louis et le Lycée Charlemagne. — 1872, in-8°.

COLLECTION LAZARE (aux Archives de la Seine) : Tome XXV, art. 1333 à 1337 pour le Lycée Charlemagne ; tome LXVIII, art. 1549 à 1567 pour l'église Saint-Paul-Saint-Louis.

TISSERAND : La première Bibliothèque de la Ville de Paris. — Paris, Impr. N^le, 1873, in-4°, pp. 12 à 27.

INVENTAIRE DES ŒUVRES D'ART APPARTENANT A LA VILLE DE PARIS : Tome I. Chaix, 1878, in-8°, pp. 442-465.

LEBEUF, édition Bournon, 1890-1900. Rectifications et additions, pp. 352-355.

ARCHIVES DU MUSÉE DES MONUMENTS FRANÇAIS. — Plon, 1883-1897, 3 vol. in-8°. Tome I, pp. 25, 43, 57, 106, 292, 293, 317, 426, 429. Tome II, pp. 24, 26, 32, 33, 34, 80, 144, 151, 152, 155, 156, 161, 162, 163, 182, 183, 184, 185, 190, 191, 192, 193, 205, 251, 252, 319, 411, 451. Tome III, pp. 89, 128, 184, 217, 231, 235, 236, 286, 316. (On remarquera que cette énumération contient beaucoup moins de renvois que la table originale : cela tient à ce que l'on avait bloqué à l'article *Jésuites* ce qui était relatif à toutes les maisons de cet ordre à Paris et qu'on a dû en extraire ce qui concernait uniquement la maison de la rue Saint-Antoine).

TOURNEUX (Maurice) : Bibliographie de l'Histoire de Paris pendant la Révolution. Tome II, Paris 1894, in-4° : Section de l'Arsenal : Numéros 7858 à 7882, pp. 258 à 261.

CHAMPEAUX : pp. 151 à 153.

INVENTAIRE DES RICHESSES D'ART DE LA FRANCE, PARIS, monuments religieux, tome III, pp. 195 à 213, par LOUIS MICHAUX. — Plon, 1901.

COMMISSION MUNICIPALE DU VIEUX-PARIS : Procès verbaux, tome II, (1899), p. 298 ; tome VII, (1905), pp. 38-39.

LA CITÉ : Lycée Charlemagne.

1902 : pp. 173-174.

1903 : pp. 385-395, 527.

1905 : pp. 351-361, 576-590.

1911 : pp. 384-385.

Eglise Saint-Paul-Saint-Louis.

1905 : p. 575.

1906 : p. 59-61.

1907 : pp. 407-408, 704-706.

1910 : p. 405.

BAYET (Jean) : *op. cit.*, pp. 15 à 24.

Maison n° 133 actuel, ancien 188.

BEAUREPAIRE (Edmond) : Une maison de la rue Saint-Antoine : la maison des Griffons. CITÉ, janvier 1910, pp. 35-41.

Numéros pairs.

Maison n° 46 actuel, 250 sectionnaire, ancien fief des Grand et Petit Chaumont.

SELLIER, note, dans les PROCÈS-VERBAUX DE LA COMMISSION DU VIEUX-PARIS, 1905, pp. 28-32.

VIMONT (D^r), même année, pp. 105 et 214.

Maison n° 62 actuel, ancien 143, Hôtel Sully, de Boisgelin, Turgot, etc.

SAUVAL : Tome III, p. 13.

BRICE (Germain) : Tome II, p. 106.

PIGANIOL DE LA FORCE : Tome V, pp. 36-37.

DEZALLIER D'ARGENVILLE : p. 267.

NORMAND (Charles) : Paris, description nouvelle de la capitale (s. d.), p. 359.

LAMBEAU : Note dans les PROCÈS-VERBAUX DE LA COMMISSION MUNICIPALE DU VIEUX-PARIS, 1902, pp. 175-189.

MIROT (Léon) : Les origines de l'Hôtel Sully et la censive du Prieuré de la Couture-Sainte-Catherine. (BULLETIN DE LA SOCIÉTÉ DE L'HISTOIRE DE PARIS ET DE L'ILE DE FRANCE, 1911, pp. 75 à 95).

Si cet essai de bibliographie que je suis le premier à reconnaître incomplet vous a convaincus de l'utilité du travail que je propose, j'ai l'honneur de soumettre au Congrès le projet de vœu qui suit :

« Le Congrès des Sociétés historiques de Paris émet le vœu qu'il soit rédigé par l'ensemble des Sociétés historiques de Paris une bibliographie des voies publiques, édifices et maisons de Paris ».

Le Congrès a adopté.

Projet de *Casier historique des Maisons de Paris,* présenté par M. L'Esprit :

L'histoire d'une maison ne consiste pas seulement à donner sa date d'origine, à énumérer ses propriétaires ou locataires successifs, mais encore, mais surtout, à faire connaître les événements de toute nature, si insignifiants paraissent-ils, au premier abord, qui s'y sont passés.

Or, tous ceux qui s'adonnent à l'étude de Paris et de son histoire savent combien il est difficile de connaître les sources à consulter, quelles recherches fatigantes et trop souvent vaines dans des dépôts ou collections disséminés aux quatre coins de la Ville, il faut faire, soit pour identifier l'emplacement d'une maison, soit seulement pour trouver les domiciles successifs d'une personnalité d'existence même récente.

C'est pour parer, dans la mesure du possible, à ces inconvénients et économiser le temps des travailleurs tout en les guidant, que je propose l'établissement d'un *Casier historique des maisons de Paris* et, par maisons, j'entends aussi bien les édifices (palais, ponts, églises, fontaines, etc.) que les maisons particulières.

Toutefois, il ne s'agit pas, ce qui demanderait des siècles, d'écrire dès maintenant l'histoire des 80.000 immeubles parisiens, mais seulement d'indiquer aux chercheurs futurs les sources où ils pourront puiser pour écrire la monographie d'une maison ou l'histoire d'un personnage et de réunir à leur intention des indications disséminées en des livres ou journaux où il leur aurait été matériellement impossible de les trouver.

Pour mener à bien cette entreprise deux concours seraient nécessaires : celui des Sociétés historiques de Paris appelées à récolter les renseignements nécessaires, celui d'un Service administratif destiné à les centraliser et coordonner. Ce dernier

me paraît tout indiqué et devoir être le Service historique de
la Ville de Paris, à la Bibliothèque Le Peletier de Saint
Fargeau.

Je vais donc étudier, tels que je les comprends, les rôles qui
incomberaient à chacun de ces organismes et je commence
par le service centralisateur.

Celui-ci doit tout d'abord affecter un emplacement spécial
au casier et qu'on ne croie pas qu'il faille une grande salle.
Monsieur Paul Juillerat qui, en quelques années, a établi le
Casier sanitaire de 77.149 immeubles, fait tenir ce nombre
formidable de dossiers dans une pièce de 5 mètres sur 4 mètres
comportant des casiers verticaux, séparés par des allées permettant le passage d'un homme, et dans lesquelles on compte
600 cases de la grandeur bien connue d'un carton vert administratif. C'est donc dire que les frais de premier établissement
ont été des plus minimes.

Ceci fait, le service centralisateur aurait encore trois dépenses
à effectuer : celle de chemises en papier fort, destinées à contenir les renseignements récoltés, et sur lesquelles on écrirait
soit à la main, soit au moyen de vignettes et seulement au fur
et à mesure des besoins, le nom de la voie et le numéro cor-
respondants à l'immeuble signalé ou le nom du personnage
étudié. La seconde dépense serait celle d'une circulaire adressée
aux Sociétés historiques leur indiquant un *modus operandi* et la
dernière, celle d'un questionnaire, mûrement étudié, auquel
les sociétés n'auraient qu'à répondre, au fur et à mesure de
leurs découvertes. Ceci dans le but d'unifier les méthodes de
travail et de classer dans les chemises du casier historique
des documents ayant, autant que possible, un format ana-
logue.

Voyons maintenant le rôle des Sociétés historiques. Il con-
sisterait uniquement à recueillir, dans les travaux de leurs
adhérents, ou sur place, des renseignements exacts et de les

transmettre au service centralisateur. Quant à ces renseignements ils seraient de toute nature ; on pourrait même, à l'occasion, y joindre des documents graphiques. Ce pourrait être, à titre d'indication :

Le nom précédent de la rue.

Le numérotage précédent de l'immeuble signalé.

Le ou les noms des propriétaires actuel ou successifs.

Le nom de l'architecte constructeur.

La date de construction, celles de démolition, de reconstruction.

Le plan de la maison.

Les photographies ou cartes postales la concernant.

Les vieux papiers de toute nature, (factures, prospectus de magasin, etc..), la concernant.

Les coupures de journaux relatant des événements importants (faits historiques, accidents, crimes, naissances ou décès d'hommes célèbres, etc..) dont elle fut le théâtre.

La bibliographie, s'il y a lieu, surtout quand il s'agira d'édifices publics.

Les illustrations provenant des journaux.

Une mention des statues, œuvres d'art, enseignes, etc., pouvant y exister.

*
* *

D'ailleurs ce serait à l'usage qu'on verrait ce qu'il conviendrait de mettre dans ces dossiers.

Examinons comment se ferait le classement au service centralisateur. J'estime qu'il n'y en a qu'un seul qui soit pratique, c'est l'ordre alphabétique rigoureux. En effet, tout autre classement par quartiers, par arrondissements, supposerait déjà connues la situation de l'immeuble recherché ou l'adresse de la célébrité étudiée. Ce serait une pétition de principes. Par suite, noms de personnes, noms d'hôtels, noms d'enseignes de maisons, noms de rues actuelles, noms de rues supprimées, etc., devraient être confondus dans ce répertoire parisien, comme ils le seraient d'ailleurs dans une encyclopédie. Il va sans dire que dans chaque rue actuelle, rangée suivant l'ordre alphabétique de la nomenclature officielle de la Ville, les immeubles seraient classés par ordre numérique. Si ma méthode était appliquée, on réunirait petit à petit pour un grand nombre d'immeubles parisiens des éléments d'information permettant ultérieurement d'écrire leurs monographies, avec le minimun de recherches... D'autre part, les services municipaux : Architecture, Domaine, Assistance publique, Octroi, Mont de Piété, Omnibus, Tramways, Compagnies électriques, etc., etc., pourraient être invités officiellement à faire connaître au service centralisateur toutes les mutations concernant les immeubles de leur ressort. Que d'affiches de vente de propriétés municipales sont perdues par le chercheur, enfouies qu'elles sont dans des cartons où le service intéressé même en ignore l'existence ! Enfin le système que j'ai l'honneur de proposer au congrès présenterait les avantages suivants : Inutilité de l'impression d'un gros et coûteux volume quelconque ; Dépense minime ; Mobilité du dossier permettant les rectifications, les suppressions, les additions, etc. ; enfin Coordination des travaux de toutes les sociétés, concourant ainsi toutes ensemble à l'édification d'une œuvre intéressant Paris tout entier sans aucune dépense spéciale de leur part.

En conséquence, j'ai l'honneur de déposer le projet de vœu suivant :

Le Congrès,

Sur la proposition de M. L'Esprit, Secrétaire de " La Cité ", émet le vœu :

L'Administration préfectorale est invitée à mettre à l'étude la création d'un Casier historique des Maisons de Paris.

M. Coyecque présente, à l'occasion de la communication de M. L'Esprit, les observations suivantes :

M. L'Esprit ayant déposé un projet de vœu tendant à l'établissement, pour chaque immeuble parisien, d'un « casier historique », M. Coyecque fait remarquer que l'idée fort judicieuse de M. L'Esprit est, dans une certaine mesure, déjà réalisée par le Sommier foncier de l'Enregistrement.

On désigne sous ce nom, à la Direction départementale de l'Enregistrement, rue de la Banque, une collection de registres où chaque immeuble parisien a, pour ainsi dire, son compte ouvert, compte offrant les éléments suivants : nom de la rue, numéro, liste des propriétaires successifs, date et nature des mutations (ventes notariées ou judiciaires, partages, etc.), noms des notaires dépositaires des actes, prix des ventes et aussi indication des locations à bail, etc.

Dans son état actuel, le Sommier foncier de l'Enregistrement comporte trois séries successives. Les registres de la première série relatent les mutations survenues entre le commencement et le milieu du XIXᵉ siècle ; ceux des autres séries forment la suite des premiers.

Ceux-là, en raison de leur ancienneté, sont depuis longtemps déjà devenus inutiles au service du Contrôle, qui les a déposés aux archives de la Direction. En fait, la première série du Sommier foncier ne constitue plus aujourd'hui qu'un document historique ; mais ce document est d'autant plus précieux que par l'indication de la première vente notariée qu'il mentionne, il fournit le moyen de retrouver des actes beaucoup plus anciens ; il suffit de consulter l' « origine de propriété » contenue dans cette vente et de rechercher les divers contrats qu'elle énumère, pour remonter, de mutations en mutations, à une époque éloignée et reconstituer depuis le XVIIᵉ siècle peut-être, l'historique de l'immeuble, avec ses propriétaires successifs, ses diverses consistances et affec-

Reg. n° 223.

N° du sommier	NOMS DES PROPRIÉTAIRES	NATURE des MUTATIONS	DATES des CONTRATS	DATES DE L'ENREGISTREMENT	NOTAIRES ou BUREAUX
2.063	BERTIN (Catherine), puis BERTIN (Nicolas), y demeurant, et autres héritiers de Marie-Jeanne BERTIN.	Succession	22 septembre 1813	15 février 1814	Bureaux 1er et 2e : 160.000 fr
	De SAINT-MARTIN (Henri-Jean-Baptiste), propriétaire, rue du Cherche-Midi, n° 14.	Vente	6 mars 1816	25 mars 1816	Tribunal : 176.965 fr
	A vendu, en 1822, à HÉRON (Joseph-Pierre-Marie), entrepreneur de serrurerie, rue Basse-du-Rempart, n° 14, et TEISSIER (Henriette - Marie - Antoinette), sa femme).	Vente	10 mai 1822	18 mai 1822	Dubois : 170.000 fr.
	Ceux-ci ont vendu, le 17 décembre 1823, à POTIER (Charles-Gabriel), artiste, rue de Rome, n° 4, pour moitié, et à BLANDIN (Jeanne), son épouse, pour l'autre moitié.	Vente	17 décembre 1823	17 décembre 1823	Colin : 190.000 fr.
	POTIER mourut le 19 mai 1838. Héritiers : son épouse pour 5/8, ses enfants pour 3/8.	Succession	19 mai 1838	19 novembre 1838	Bureaux 1er et 2e : 195.350 fr.
	Adjudication du 27 octobre 1838 à la dame BLANDIN, seule héritière, y demeurant.	Adjudication	27 octobre 1838	14 novembre 1838	Tribunal : 273.250 fr.
	La dame Blandin décéda en 1866. Héritiers : 1° POTIER (Charles-Joseph-Edouard), aven. Pinel, à Asnières ; 2° Henri-Hippolyte, rue Grange-Batelière, n° 1 ; 3° Honorine - Désirée, épouse MONTGOBERT, rue des Charbonniers, n° 2. Tous trois ses enfants. 4° Edouard - Marie, rue du Transit, n° 19 ; 5° Gustave-Marius, au Mans, ses petits-enfants.	Succession	29 octobre 1866	27 décembre 1867	282.00[0] fr
	Adjudication du 23 février 1867 à François-Adrien ANDRÉ, référendaire au sceau de France, rue Taitbout, n° 89.	Adjudication	23 février 1867	7 mars 1867	Actes judiciaires : 422.271 fr. 1

ALAIS-ROYAL

lieu — Numéros { *ancien* « *nouveau 26, et rue de Montpensier, connue sous le nom de Passage Potier.*

BAUX

OMS LOCATAIRES	OBJET DES BAUX	DATES DES BAUX	DATES de L'ENREGISTREMENT	NOTAIRES	OBSERVATIONS
isautay	Appartement, 10 ans, 3 mois	10 avril	12 avril	Monnot, 2.800 fr., plus 8 942 fr. de pot de vin	
iautier	Divers apparte-ments, 9 ans.	20 décembre 1814	21 décembre	Cretty, 10 000 fr.	
iouget	Boutique et dé-pendances	20 décembre 1814	21 décembre	400 fr.	Résiliation du 16 août 1845, s. s. p.
halmas	Boutique et dé-pendances	11 avril 1820	1er juillet 1820	Bougaud s. s. p. 1.600 fr.	Jouissance du 1er avril 1820
englet	Divers lieux, 9 ans	11 juin 1821	16 juin	Boilleau	Jouissance du 1er avril 1824, 11.100 fr.
étallier	Boutique, cave, chambre et cabinet	25 mai 1833 3, 6, 9 ans.	23 juillet 1833	S. s. p. 1 000 fr.	Jouissance du 1er juillet 1833
otschild	Appartement au 2e étage, 9 ans	1er octobre 1865	7 mars 1867	Actes judic. 2.040 fr.	Jouissance du 1er octobre 1865
Lemaire	Boutique avec cave, 9 ans	1er octobre 1865	7 mars 1867	Actes judic. 900 fr.	Jouissance du 1er octobre 1865
					Petites Affiches du 11 fév. 1867, n° 4.949. Rev. brut : 30.198 fr. M. à prix : 350.000 fr.

tations, les dates de ses constructions et reconstructions, etc.

Il y a une quinzaine d'années, M. Coyecque, alors sous-archiviste aux Archives de la Seine, avait fait demander le dépôt au quai Henri IV de cette première série du Sommier foncier ; l'agent chargé des fonctions d'archiviste à la Direction de l'Enregistrement craignant, à tort du reste, de perdre le bénéfice des droits de recherche que lui procuraient les rares demandes de renseignements formulées par quelques particuliers et surtout par le service du Plan de Paris, émit un avis défavorable, que le directeur de l'époque consacra fâcheusement. Il fallut recourir à un expédient pour ne pas priver l'érudition des précieuses ressources du Sommier foncier ; les personnes intéressées à consulter ce document durent déposer une demande aux Archives de la Seine, et tous les quinze jours, un archiviste du service alla rue de la Banque faire les recherches nécessaires.

Cette situation singulière doit cesser ; il faut assurer aux travailleurs l'accès direct de la première série du Sommier foncier, par son dépôt aux Archives de la Seine. Il est entendu que ce service effectuera toutes recherches qui seront demandées par la Direction de l'Enregistrement et que les émoluments réglementaires resteront attribués à l'archiviste de cette direction.

On propose, en conséquence, au Congrès d'adopter le vœu suivant :

Le Congrès des Sociétés d'histoire de Paris réuni le 15 février 1913,

Vu la proposition de M. L'Esprit, l'un de ses membres, relative à la création d'un casier historique des immeubles parisiens ;

Considérant qu'il existe, aux archives de la direction de l'Enregistrement de la Seine, un document qui, dans une notable proportion, constitue le casier susvisé, document connu sous le nom de Sommier foncier, Ire série, où chaque immeuble de l'ancien Paris a un compte ouvert pour la première moitié du XIXe siècle environ (noms des propriétaires, date et nature des mutations, notaires dépositaires des contrats, état des locations, numéros successifs des immeubles) ;

Considérant que ce document, constitué par une collection d'environ 300 registres, n'est plus couramment utile aux bureaux de l'Enregistrement, qu'il présente surtout un intérêt rétrospectif, mais qu'il ne peut en être donné sur place communication au public, faute d'une organisation *ad hoc* ;

Délibère :

Le Bureau du Congrès est chargé de faire auprès de M. le Préfet de la Seine toutes démarches utiles pour que le Sommier foncier, Ire série, actuellement conservé à la Direction de l'Enregistrement de la Seine, soit déposé aux Archives de la Préfecture.

Le Congrès a adopté.

M. PAUL MARMOTTAN regrette l'état d'abandon de certaines sépultures artistiques du Père Lachaise ; il émet le vœu que les sociétés d'histoire parisienne s'attachent à dresser la liste de ces sépultures et qu'un comité se forme, pour en assurer l'entretien, lorsque les défunts n'auront pas laissé de descendants.

Le Congrès a adopté.

M. MARCEL POËTE fait valoir les avantages qui résulteraient pour la connaissance des vestiges subsistants du passé de Paris et pour leur sauvegarde, de l'établissement d'un atlas ou plan archéologique de cette ville, sur lequel seraient repérés ces divers vestiges. Il remarque que l'*Atlas municipal des vingt arrondissements de la Ville de Paris* pourrait être utilisé à cet égard sous la forme d'un tirage spécial portant l'indication en couleurs des constructions anciennes de toutes sortes encore debout. Une liste de ces constructions avec les renseignements historiques indispensables accompagnerait cet atlas. Déjà, la Commission du Vieux Paris, sur la proposition de l'un de ses membres, M. Bonnier, directeur des Services d'architecture de la Ville, a entrepris le relevé par arrondissements de tous ces souvenirs, en vue d'éclairer l'Administration Municipale sur ce qu'il importe de sauvegarder lors des travaux de percement ou de transformation des voies publiques. Il y aurait avantage à ce que ce relevé aboutisse à une publication et plus particulièrement à l'établissement d'un atlas archéologique de Paris.

M. Marcel Poëte soumet en conséquence la proposition suivante, qui est adoptée :

Le Congrès,

Délibère :

Le Bureau est invité à faire toutes démarches utiles pour obtenir l'élaboration et la publication, par les soins de la Ville de Paris et sous les auspices de la Commission du Vieux-Paris, d'un atlas archéologique de cette ville contenant le relevé des souvenirs subsistants du passé, en vue de leur sauvegarde.

Le même membre appelle l'attention du Congrès sur l'intérêt que présenteraient de petites monographies ou des guides destinés à faciliter, pour l'enseignement public, la connaissance du cadre au milieu duquel se sont déroulés, à Paris, les événements de l'histoire de France. Les histoires de France à l'usage des classes font abstraction de ce cadre. Quel est le manuel qui évoque par exemple la Fronde dans le cadre de la place Royale ou du Jardin de Renard ? Quel est celui qui localise les faits de l'histoire d'Etienne Marcel dans le Paris du xive siècle ?

Quelle idée peut se faire de l'ancien Louvre un élève, d'après les ouvrages dans lesquels il apprend l'histoire de France ?

Ne conviendrait-il pas de donner aux élèves et aux maîtres la possibilité de localiser commodément et par conséquent de mieux évoquer les événements de notre histoire qui se sont passés à Paris ? Les Sociétés d'histoire de Paris sont désignées pour contribuer à faire entrer, sous cette forme, l'histoire de Paris dans l'histoire de France.

M. le Dr MAURICE POTEL fait la communication suivante :

J'ai l'honneur d'appeler votre bienveillante attention sur une des sources les plus inutilisées, et sans doute une des plus précieuses de l'histoire des maisons parisiennes. Sans lacune importante, elle fournit des documents qui s'étendent depuis 1550 environ jusqu'à la fin du XVIIIe siècle.

Il existe en effet, pour toute cette période, une collection d'actes judiciaires, reproduction en grande partie d'actes notariés, qui contiennent par suite les renseignements que l'on rencontre d'ordinaire dans ces actes : noms du vendeur et de l'acheteur, des tenants et aboutissants et aussi une description sommaire des lieux. Cette collection n'est certainement pas ignorée des historiens de Paris, mais ces documents sont peu consultés, par suite de leur abondance même, à cause de l'absence d'un répertoire méthodique.

Ce fonds constitue une partie des Registres du Châtelet, sous la cote Y de nos Archives nationales et s'étend du n° 3428 au n° 3836 — avec la dénomination de Registres des Saisies réelles. Il comprend par conséquent plus de quatre cent cinquante registres in-folio, de trois cents folios environ. Je crois que son importance véritable n'a pas été appréciée jusqu'à ce jour.

Je voudrais donc d'une part vous démontrer l'importance considérable de ces documents, et d'autre part vous dire comment ils pourraient très rapidement acquérir toute leur valeur.

La définition exacte du terme *Saisie réelle*, dans l'ancien droit, expliquera le caractère pour ainsi dire général qui fait l'intérêt de nos registres et pourquoi, dans les limites de temps fixées ci-dessus, ils renferment la quasi totalité des actes de vente des maisons de Paris. A l'époque actuelle, les mots de *Saisie réelle* éveillent la pensée d'un acte par lequel un créancier s'empare sous une forme légale des biens d'un débiteur insolvable ou récalcitrant. Dans la jurisprudence ancienne, il faut donner à cette expression une signification beaucoup plus large. Sous le nom de Décret, le droit ancien comprenait deux actes judiciaires, presque de même forme, mais différents dans leur nature. « Le Décret forcé, dit Guyot dans son Répertoire de jurisprudence, est celui par le moyen duquel les créanciers qui ont fait *saisir réellement* les biens de leur débiteur les font vendre judiciairement au plus offrant et dernier enchérisseur ». La chose est de tous les temps et ne comporte aucun commentaire. Si nos registres ne renfermaient que des actes de cette nature, ils seraient certainement moins importants en nombre et en volume, car Dieu merci ! dans notre bon pays de France, le mode de transmission forcé de la propriété est exceptionnel. La vente à l'amiable est au contraire la règle et ce sont ces ventes que l'on trouve enregistrées dans les gros volumes des Saisies réelles, grâce à une formalité de l'ancienne loi, *le Décret volontaire*. « Le Décret volontaire, dit l'auteur cité plus haut, est celui qu'un acquéreur faisait faire *afin de purger les hypothèques, droits réels et servitudes*, que l'on pourrait avoir sur les biens par lui acquis ». Dans son Dictionnaire de Droit et de Pratique, de Ferrière précise nettement la forme de l'acte. « L'acquéreur après avoir *fait saisir réellement* sur lui (même) l'héritage qu'il a acheté à la requête d'un de ses créanciers (réel ou fictif) fait faire les criées et les mêmes procédures qui se font au Décret forcé, jusqu'à l'adjudication ». Donc, dans les deux cas, Décret forcé, Décret volontaire, nous trouvons une

Saisie réelle, accompagnée des mêmes formalités. La comparaison s'arrête là, car la sagesse de nos ancêtres avait, par des règles spéciales, empêché toute confusion ultérieure, et arrêté toute la liberté des enchères dans l'adjudication du Décret volontaire. En réalité ce Décret volontaire n'était qu'un mode, le seul possible d'ailleurs à cette époque et dans notre région, pour arriver à connaître la situation hypothécaire d'un héritage que l'on voulait acquérir. L'acte de vente, en minute chez le notaire, contient en effet le plus souvent cette clause restrictive que la vente ne deviendra définitive qu'après l'achèvement des formalités indiquées ci-dessus. Le Décret volontaire nécessitant une Saisie réelle, il est tout simple de voir figurer sur les Registres du Châtelet les Saisies réelles de cette origine. Il est tout simple également de constater, dans chacun de ces actes, la description des lieux, le nom des propriétaires, l'origine de l'héritage, etc... - - car chacun d'eux n'est que la répétition plus ou moins abrégée de *l'acte de vente passé devant notaires.*

Les registres Y du n° 3428 au n° 3836 renferment donc la presque totalité des actes de ventes des maisons de Paris, durant la période que nous avons indiquée ci-dessus, car les acquéreurs prudents, qui ont toujours constitué la majorité de nos bourgeois parisiens, ont dû s'abstenir bien rarement de la formalité du Décret volontaire, qui seule les mettait à l'abri de toute revendication imprévue. Suivent trois spécimens de ces actes pris au hasard.

Chaque registre contient au minimum deux cent cinquante actes ; il y a plus de quatre cent cinquante registres. Cela nous donne un total de plus de cent mille actes — dont quarante mille *au minimum* concernent des maisons de Paris ou de ses faubourgs. — Il est bien entendu que le même immeuble a dû figurer plusieurs fois sur les registres à des époques différentes, avec ses modifications, et ses changements de propriétaires. Je crois donc être resté dans la stricte vérité lorsque j'ai dit que pour une longue période ces registres renferment l'histoire de Paris, maison par maison. Que ne puis-je ajouter rue par rue? car alors le problème serait résolu. En effet, pourquoi une mine aussi riche est-elle restée presque complètement inexploitée? Simplement parce que la nature même de sa formation, en lui imposant l'ordre chronologique, en a rendu l'exploitation particulièrement longue. Ce fonds si abondant ne possède pas même de répertoire digne de ce nom. Celui-là seul qui connaît la date de transmission d'un immeuble peut avoir l'espérance de trouver l'acte qui le concerne. Mais que peut faire l'historien d'une rue de Paris, ou de l'une de ses maisons en présence de plus de cent mille actes qu'il faut dépouiller un à un dans plus de quatre cent cinquante registres in-folio? Une telle recherche brise la patience la mieux trempée. Les choses changeraient immédiatement de face, et la recherche reviendrait des plus faciles, si *à l'ordre chronologique* qui n'obéit à aucune loi, on pouvait substituer *l'ordre topographique, rue par rue*. Je vais plus loin encore : si chacun des immeubles parisiens contenus dans les registres était l'objet d'une fiche spéciale, la classification seule de ces fiches, à condition d'y voir figurer les données essentielles des actes, nous donnerait à elle seule toute l'histoire des rues de Paris, car le rapprochement des tenants et aboutissants permettrait de localiser exactement ses maisons dans leur situation réciproque, et l'on trouverait dans la comparaison avec les Terriers un mode de contrôle très précieux.

En un mot, il faudrait confectionner pour chaque maison de Paris ou suburbaine une fiche contenant les références essentielles, au besoin la description de l'immeuble et la date — puis classer ces fiches rue par rue et dans leur ordre. Une telle entreprise dépasse sans doute l'initiative individuelle, mais elle n'est pas au-dessus des ressources de la Ville de Paris, j'entends de celles qu'elle peut réserver légitimement à l'étude et au classement de ses parchemins. Il s'agit tout au plus de la confection de quarante à cinquante mille fiches, et l'achèvement de ce travail bien conduit n'exigerait certainement pas plus de deux ou trois ans.

Arch. Nat., Y 3461, fol. 151.

Rue des Juifz.

Du lundy quatriesme jour d'aoust V^c LXI.

Maistre Guillaume Voillart, procureur ou Chastellet de Paris et procureur de Jehan Hubert, poursuyvant les criées des heretaiges cy-après déclarées que l'on disoit compecter et appartenir à Anne Legendre, assçavoir :

Une maison assize à Paris rue des Juifz, où pend pour enseigne la Roze blanche, qui se consiste en ung corps d'hostel, salle basse, chambre, cuysine, puys, estable à chevaulx, court et jardin, les lieux comme ilz se comportent, tenant, d'une part, à Pierre Roze, vefve de feu Robert Secretain, d'aultre part, à la vefve Philippes Legendre, aboutissant, par derrière, à Mons. Zacari, d'aultre part, à lad. rue.

La tierce partie de ladite maison à lad. Legendre appartenant saisye et mise en criées et subhastations par les quatre quatorzaines antiennes par Jehan Gaultier, sergent à verge oud. Chastellet, le dix huit^e jour de mars V^c LX, par faulte de payement de la somme de cent solz huict deniers parisis contenues es lettres de sentence données de nous le XIe jour de janvier oudit an et lots et exploictz sur ce faictz, domicille en l'hostel dud. Voillart.

Du dix^e jour de novembre V^c LXI.

Maistre Guillaume Voillart, procureur de Jehan Hubert, s'oppose aux criées sur Anne Legendre pour estre payé mis en son ordre et qu'il soit acquicté, garanty et deschargé de quinze livres douze sols six deniers tournois de rente et arreraiges escheus et qui escherront, prétenduz par les chapellains perpétuelz de la Saincte-Chapelle à Paris et ce suyvant la sentence donnée le unze^e^ janvier V^c^ LX et que ledit Hubert soit payé des despens dommaiges et inthérestz par luy faictz et soustenuz tant adjugez que à adjuger par le moyen dud. recours de garentye tant en demandant que en deffendant, en oultre élisant domicille en l'hostel dud. Villars.

Cloz le XVIIIe jour de novembre mil cinq cens soixante ung.

Arch. Nat., Y 3649, fol. 39.

Rue Haultefeuille.

Du XIIIIe may M VI^c^ LXIX.

Me Claude Gervais, procureur de Me Jacques Piou, bourgeois de Paris, demeurant isle du Pallais, parroisse St-Berthellemy, soi disant poursuivant les criées d'une maison et lieux cy-après déclarez sur Nicolas Collet, marchant bourgeois de Paris, comme les ayant acquis des personnes cy-après nommées, assçavoir :

Une maison scize à Paris, rue Haultefeuille, vis à vis le chevet de l'esglize St-André-des-Arts, en laquelle pend pour enseigne la Ville du Mans et auparavant le Louis et, avant icelle, le Pied de Biche, concistante ladite maison en deux corps de logis, l'un sur le devant et l'autre sur le derrière, applicquée en caves, court, puits, aisances, plusieurs estages de chambres l'une sur l'autre, greniers au dessus, les lieux ainsy qu'il se poursuivent, comportent et estendent de toustes parts, tenant, d'une part, à la maison du paticier de la Bazoche faisant l'encoigneure de ladite rue Haultefeuille et, d'autre, à Me Estienne

Jorry, huissier en la Chambre des Comptes, et, par derrière, tant à Monsieur de Voisins, conseiller en la Cour, qu'aux héritiers du s^r de Ste-Beuve et, par le devant, sur ladite rue Haultefeuille.

La moitié de ladite maison appartenant audit Collet, au moyen de l'acquisition qu'il en a cy-devant faite du sieur Martin Gaillard, marchand bourgeois de Paris, et de Catherine Langlois, sa femme, par contract d'eschange du dix sept^e janvier M VI^c soixante neuf, passé par devant Rallu et Manchon, nottaires, et ledit Gaillard et sa femme qui l'avoient aussy acquise, sçavoir, un quart, à icelluy Gaillard de son chef, comme principal hérittier de deffunct Me Martin Le Breton, sieur de Passy, son oncle maternel et par représentation de Catherine Le Breton, mère d'icelluy Gaillard et sœur dudit Le Breton, et l'autre quart, d'acquisition de Me Estienne Lecocq, lieutenant en la justice de Nanteuil sur Marne, et de Catherine de La Marche, sa femme, icelle de Lamarche par représentation de ladite Catherine Le Breton, sa mère et sœur utérine dud. Gaillard, hérittière pour un quart dudit sieur Le Breton, par contrat d'eschange passé entr'eux devant Dupuis et Corroyet, nottaires, le unziesme janvier M VI^c soixante deux, et les deux autres quarts faisant le total de ladite maison, d'acquisition faite par lesdits Gaillard et sa femme, de Nicolas Anne et Marie Caudart, frères et sœurs, enfans de deffuncts Espérance Le Breton, leur mère, par représentation d'elle aussy héritiers dudit deffunct s^r Le Breton leur oncle et frère de leur ditte mère, par contract passé par devant   et   notaires, le   jour de   mil six cens

Le fondz, treffondz et proprietté de la moitié au total par indivis de lad. maison et lieux cy-dessus déclarés, saisis et mis en criées par Louis Poupardin, sergent à verge au Chastelet de Paris, demeurant rue Plastrière, le lundy vingt huit^e janvier mil six cens soixante neuf... en vertu de certaines lettres obligatoires passées par devant Rallu et Manchon, nottaires au Chastelet, le dix neufiesme dudit mois soussignées des dits nottaires scellées, et faute de payement fait de la somme de unze cens livres tourn. contenue et mentionnée en ladite obligation, sans préjudice des intérests de lad. somme frais et dépens, eslection faite de domicile pour ledit poursuivant, en la maison dudit Gervais, son procureur, scize rue et parroisse St-Germain de l'Auxerrois, commissaire estably Me François Forcadel commissaire, Robert Taconnet et Estienne Vuiny le jeune qui ont signé.

Ladite saisie signiffiée ce XXIXe desdits mois et an par ledit sergent audit Collet, sa femme, saisis, parlant à leurs personnes, en leur domicille, présens lesdits tesmoins qui sont signés.

> Adjugé le mercredy dix sept juillet M VIe soixante neuf à M. Edme Michel Rigault, procureur dud. Nicolas Collet saisy en eschange de IIIe LXXI^{lb} XIII^s IIII^d de rente en trois parties sur particuliers racheptables de IX^m IIe et clos le XVIII desdits mois et an.
>
> BERCHER.

Arch. Nat., Y 3712.

Moulin à la Butte Montmartre.

Du seize Juillet VIe quatre vingt quinze.

Me Jacques de Lorme, procureur de Denise Boucher, femme séparée de biens de Jacques Gouin, M^e chirurgien à Paris et authorisée par justice à la poursuitte de ses droits et actions par une sentence saisissante et poursuivante les criées d'une maison et d'un moulin cy-après déclarez sur ledit Gouin son mary, asçavoir :

Un moulin à vent faisant de bled farine, scitué sur la butte de Montmartre près Paris, appellé le moulin du Vin ou autrement des Brouillards, garny de ses meulles tournant et travaillant, une escurie et cave sous ledit moulin, icelluy couvert de bardon.

Item une petite maison, deppendante dudit moulin et attenant icelluy, concistant en une salle et chambre par bas, deux greniers au dessus, un poulailler et un toit à porcqs, couverte ladite maison de thuilles, tenant lesdits moulin, maison et leurs deppendances, d'une part, au chemin qui va à St-Ouin et Montmartre, d'autre cotté, aux terres de Monsr Le Coq, d'un bout, au chemin de la Fontaine, et d'autre, à...

Les fonds tresfonds et propriété desd. moulin et petite maison, circonstances et deppendances d'iceux, sans aucunes choses en excepter ny retenir, saisis et mis en criées par Claude Langlier, sergent à verge au Châtelet de Paris, y demeurant, rue St-Denis, paroisse St-Sauveur, le vingt-sixième jour d'avril mil six cens quatre vingt quinze, avant midy, par vertu de certaine sentence de séparation rendue au Châtelet, jugée et prononcée le neuf avril, présent mois et an, signée Tardiveau et scellée, en continuant la signiffication de ladite sentence commandement de payer et autres dilligences cy-devant faites, le tout portant reffus et par faute de payement avoir esté et estre fait à laditte Denise Boucher par ledit Gouin son mary, de la somme de huit cens dix livres quinze sols de principal restant de celle de deux mil livres aussy de principal, en quoy ledit Gouin a esté vers elle condamné par laditte sentence susdattée, sans préjudice des intérests de ladite somme principalle, autres deus droits et actions, frais et despens et mises d'exécution. Domicille pour ladite saisissante en la maison dudit de Lorme scize rue St-Denis, paroisse St-Sauveur, commissaire estably, Me François Forcadel, commissaire présent de Jean Guinois, sergent à verge au Châtelet de Paris et de Roger Gadroy, aussy sergent à verge audit Châtelet, demeurant rue St-Martin, paroisse St-Nicollas des Champs. Controllé à Paris le XXIX avril 1695 reg. 124, fol. 180, par Pontignon.

Ladite saisie signiffiée ledit jour, vingt six avril, audit an V^c quatre vingt quinze, après midy, par ledit Langlier, sergent, audit Gouin, en parlant à sa personne, en son domicille, rue Montmartre, paroisse St-Eustache, présents lesdits tesmoins. Controllé à Paris ledit jour XXIX avril aud. an 1695, par led. Pontignon.

Du 15 novembre 1695.

Antoine Becqueret, marchand boulanger à Montmartre, s'oppose ausdites criées et ce, pour seureté et conservation des sommes qu'il justiffiera luy estre deues par led. Gouin, tant en principal, intérests, que frais et comme créancier et exerçant les droits de ladite Boucher, et outre pour estre conservé en tous ses droits, privilèges et préférence, noms, raisons et actions et à l'effet de la présente opposition et pour la validité d'icelle ledit Becqueret a élu son domicile en la maison de Me Simon Berson, procureur, size rue Mazarine, paroisse St-Sulpice.

Du sept décembre mil VI^c quatre vingt quinze.

Ledit Anthoine Becqueret, marchand boulanger à Montmartre, d'abondant, s'oppose ausdites criées pour seureté et conservation des sommes qu'il justiffira luy estre deües tant en principal, arrerages, qu'interests frais et dépens, et outre pour estre conservé en tous ses droits, privilèges et préférances, noms, raisons et actions, tant comme créancier dudit Gouin que comme créancier et exerceant les droits de laditte Boucher, a esleü son domicille en la maison de Me Simon Berson, procureur, scize rue Mazarine, paroisse St-Sulpice.

Le Congrès estime que ce projet de dépouillement est susceptible d'être mis à l'étude.

La séance s'achève sur une communication de M. Farge afférente à un souvenir de l'hôtel où se tient le Congrès : l'assassinat du conventionnel Le Peletier de Saint Fargeau, qui fut propriétaire de cet hôtel, auquel il a laissé son nom.

Avant de se séparer, les membres du Congrès, sur la proposition de M. Germain Lefèvre-Pontalis, votent des remerciements au président, M. Guiffrey et au bureau auquel ils confirment ses pouvoirs, en vue de l'organisation d'un nouveau Congrès des sociétés d'histoire parisienne en 1914.

ABBEVILLE. — IMPRIMERIE F. PAILLART

BIBLIOTHEQUE NATIONALE DE FRANCE

3 7531 04325339 3

www.ingramcontent.com/pod-product-compliance
Ingram Content Group UK Ltd.
Pitfield, Milton Keynes, MK11 3LW, UK
UKHW020942140726
13695UKWH00003B/1149